产业支撑乡村振兴实践案例丛书

主编 管新帅

乡村振兴陇南电子商务实践案例

管新帅　罗一鸣◎编著

中国财经出版传媒集团
中国财政经济出版社
·北 京·

图书在版编目（CIP）数据

乡村振兴陇南电子商务实践案例／管新帅，罗一鸣编著．--北京：中国财政经济出版社，2024.7
（产业支撑乡村振兴实践案例丛书／管新帅主编）
ISBN 978-7-5223-3027-3

Ⅰ.①乡… Ⅱ.①管… ②罗… Ⅲ.①农村-电子商务-研究-陇南 Ⅳ.①F724.6

中国国家版本馆CIP数据核字（2024）第070183号

责任编辑：贾延平　　责任校对：胡永立
封面设计：陈宇琰　　责任印制：党　辉

乡村振兴陇南电子商务实践案例
XIANGCUN ZHENXING LONGNAN DIANZI SHANGWU SHIJIAN ANLI

中国财政经济出版社 出版
URL：http：//www.cfeph.cn
E-mail：cfeph@cfeph.cn

社址：北京市海淀区阜成路甲28号　邮政编码：100142
营销中心电话：010-88191522　编辑部电话：010-88190957
天猫网店：中国财政经济出版社旗舰店
网址：https：//zgczjjcbs.tmall.com
中煤（北京）印务有限公司印刷　各地新华书店经销
成品尺寸：170mm×240mm　16开　12.25印张　120 000字
2024年7月第1版　2024年7月北京第1次印刷
定价：49.00元
ISBN 978-7-5223-3027-3
（图书出现印装问题，本社负责调换，电话：010-88190548）
本社质量投诉电话：010-88190744
打击盗版举报热线：010-88191661　QQ：2242791300

此丛书是

甘肃省高等学校产业支撑引导项目

阶段性成果

谱一首劳动人民的赞歌

（代序）

地处秦岭南麓的陇南，历史悠久、文化厚重、气候适宜，孕育出朴实勤劳的人民和多元富饶的物产，被誉为“陇上江南”。1932年4月，习仲勋等老一辈革命家在两当县打响了为穷苦乡亲们翻身解放的第一枪，乡亲们跟着中国共产党开始走上不受压迫的道路。新中国成立以后，历代共产党人牵挂着陇南，一代代的陇南劳动人民用自己的勤劳和智慧建设着家乡，但是特殊的地理位置制约了这个山清水秀的地方。深深的沟壑和莽莽的大山磨砺着广大劳动人民的勇毅，流淌着他们辛勤的汗水，“富饶的贫困”成为陇南的代名词。老乡们脸上愁、心里苦，共产党人是看在眼里，疼在心上，只能憋着一股子不服输的劲头，下定决心一定要用自己的勤劳和智慧把陇南变成另一个“江南”，要把鬼斧神工的景色、有机绿色的优质农产品、储藏丰富的稀有矿产发挥出最大的效应，让老百姓“工作得更好，生活得更好”，脸上始终挂着轻松快乐的笑容，这是每一个共产党人的初心使命。

党的十八大以来，在以习近平同志为核心的党中央坚强领导下，陇南也和全国一道迎来了发展的新时代。2013 年春节到来之际，习近平总书记来到甘肃，看望慰问各族干部群众，并走进渭源县元古堆村和东乡县布楞沟村，入户看望老党员和困难群众，同乡亲们手拉着手唠家常，仔细询问大家的生产生活情况。当时的陇南还是全国区域性整体贫困的典型代表。习近平总书记指出，要“找准发展路子、苦干实干，早日改变贫困面貌”。勤劳勇敢的陇南人民在党的领导下，把习近平总书记的殷殷嘱托变成实干力量，探索出多条扶贫的路子。山再高，往上攀，总能登顶；路再长，走下去，定能到达。2020 年 11 月，84 万建档立卡贫困人口全部脱贫，1707 个贫困村全部出列，9 个县区全部“摘帽”，历史性地解决了整体绝对贫困问题。“新故相推舒画卷，丹青妙手向翠峰。”打赢脱贫攻坚战后，陇南各级政府带领广大劳动人民夯实基础、补齐短板、增强弱项，精耕乡村、聚力振兴，老百姓的日子越来越有盼头。

“社会主义是干出来的，新时代也是干出来的。”陇南向祖国交上的高质量发展的优秀成绩单，是中国共产党领导各行各业的广大劳动人民在自己热爱的土地上苦干实干出来的。陇南人民通过辛勤劳动、诚实劳动、科学劳动取得一个又一个的胜利，一个个朴实的农民、一个个奋斗的创业者、一个个坚守的干部职工都在这片土地上书写了一个又一个陇南故事。

初次听到这些故事时，我们被感染、被激励、被鼓舞了，我们决定要把这些故事记录下来，于是我们在陇南这片土地上开展了调研、访谈，在山水之间感受陇南人民的热情好客以及面对困难时的乐观向上。这不就是我们一直要追求的价值观吗？我们调研、采访了众多实干者，选取了其中比较典型的创业者、个体网商、金融支持发展的30个案例，这30个案例记录的都是平凡的陇南故事，也是我们的榜样。将这些案例汇辑成册，形成丛书，正好谱写了一首劳动人民的赞歌，也让这些榜样之光照亮了我们的前进道路，使这些奋进之焰凝聚成我们的精神力量。

我们歌颂辛勤劳动。锦绣的陇南山水为辛勤的蜜蜂提供了舒适的家园，这些蜜蜂酿出了武都崖蜜、两当狼牙蜜和宕昌百花蜜等优质蜂蜜，使我们的生活更甜美。一个个勤劳的农民兄弟、回乡创业的大学生、退伍归来的军人就是贯彻落实乡村振兴战略的“蜜蜂”。他们拥抱互联网时代，把万水千山展现在咫尺，跨越了与外界的时空，把陇南的一草一木推介给世界；他们延长了农产品销售链条，挖掘农产品特色，让陇南农产品成为“甘味”品牌矩阵的重要力量；他们把乡亲们手工打造的“不值钱”的手工艺品推上电商平台，乡亲们的辛勤劳动成果每天都能“赶集”，卖上一个好价钱。“新农人”们用辛勤劳动架起了电商网络，从此，农产品销售“天堑变通途”，乘着数字时代的东风，“新农人”们追求着自己的幸福美好生活，用苦干实干创造出了无限的可能。

我们歌颂诚实劳动。陇南劳动人民吃苦耐劳的精神品质就像矗立在康县朱家沟村口的那棵有1800年树龄的麻柳树，祖先们用脚步丈量茶马古道过程中形成的信用义气、谦和勇敢的个性，嵌入陇南劳动人民的基因。一个个基层干部、企业家、乡村“能人”，像那棵麻柳树一样扎根陇南大地，谨记共产党人的初心使命，坚守在一线，不让一个乡亲掉队。他们走遍陇南的每一方山水，践行着“绿水青山就是金山银山”的理念，勾勒出文旅融合的美好画卷，打破了“抱着金饭碗要饭”的局面。他们收购乡亲们的农产品，不差一分钱；建立合作社和扶贫车间，探索出“农户＋合作社＋公司”的陇南扶贫模式，最终让乡亲们的钱包变得鼓鼓的；两代人扎根农村，坚守油橄榄产业，目前已打造出现代产业体系，实现了共同富裕。陇南人民是诚实劳动的新时代追梦人，他们厚植爱农情怀，让乡亲们的汗水变成金豆豆，为建设中国式现代化陇南贡献了力量。

我们歌颂科学劳动。陇南劳动人民把千年形成的多元厚重的历史文化与共产党人实事求是的精神相结合，以指导新时代的科学劳动，用科学的方法和实践优化生产要素组合，发展生产力，推进陇南农村产业又好又快发展。一个个银行经理、挂职干部、各行业的建设者们给陇南带来了新理念、新思路、新活力，把陇南当家乡，撸起袖子加油干！他们走进田间地头，与乡亲们拉家常，向乡亲们介绍现代金融，解决乡亲们金融需求的痛点，不但“把钱用到了刀刃上”，还为农产品价格兜了底；他们招商引资，把田园综合体建立在大山中，文化搭台，旅游唱戏，让老百姓在家门口就能脱贫致富；他们盘活了农地经营权，打通了生产要素流动的堵点，促进农村“三产融合”，成为全国试点。他们用科学劳动诠释了新时代奋斗精神，为乡村振兴注入了新活力。

站在哈达铺红军长征纪念碑前，我们仿佛还能听到红军“到陕北去”的声音，脑海中浮现出苏区经济建设的先辈、南泥湾大生产的战士、梁家河修水坝的青年形象。正是靠劳动创造，我们拥有了历史的辉煌；也正是因为劳动创造，我们拥有了今天的成就。我们相信，在新征程中，陇南劳动人民可以用勤劳和智慧在美丽富饶的田野上弹奏悦耳的华章，在绿色环保的工厂中篆刻时代的符号，在秀美灵动的风景区挂满洋溢的笑脸。陇南劳动人民一定能在建设中国式现代化过程中取得一个又一个胜利，定会把陇南变成“江南”。

在深入推进乡村振兴战略的新征程中，我们出版《产业支撑乡村振兴实践案例丛书》只是一个开端，也是一个尝试。在今后的工作中，我们会继续发现榜样，诠释平凡中的不平凡，努力讲好“中国故事”，为乡村振兴尽绵薄之力。

此记，是为序。

《产业支撑乡村振兴实践案例丛书》编写组

2024 年 4 月

目　录

案例1

“陇小南”自营电商的渠道与突破*

赵武强，是一个生活在大山深处，却怀揣着无限梦想的年轻人。创业初期，他创建了“陇南生活网”，积累了大量的网络社群资源。在经历了地方门户网站行业的高潮与低谷之后，他又重新思考市场需求和消费者行为，将互联网思维应用于陇南的特色农产品销售之中，创立了“陇小南”电商平台。

自成立以来，在地方政府的大力支持下，“陇小南”不断整合地方农民专业合作社、农产品企业、种植养殖户等农产品初端资源，通过统一的理念植入品牌设计，利用成熟的网络、物流平台，降低了地方特色农产品网络销售的进入门槛，并以分销代理渠道招募的

---

* 本案例由管新帅、罗一鸣撰写，作者拥有著作权中的署名权、修改权、改编权；本案例的撰写及发表已取得相关企业及案例当事人授权；由于企业保密的要求，在本案例中对有关名称、数据等做了必要的处理；本案例仅是关于企业发展历程的描述与讨论，并无意暗示或说明某种管理行为是否有效。

方式，积累了大量的渠道资源，取得了不俗业绩，在当地有一定的影响力。

如今，不断成长的“陇小南”又走上了纵向一体化的发展道路，赵武强的第三次创业正在启航……

2020 年 3 月 31 日，《香港商报》的一篇名为“甘肃‘陇小南’网供全国，年销逾 3000 万元”的文章在省内引起了人们的广泛关注，特别是在甘肃电商圈内，“陇小南”迅速成为人们津津乐道的热门话题，大家纷纷转发朋友圈。看着手机上不断跳出的点赞和朋友们送来的祝贺消息，创始人赵武强百感交集。

“陇小南”是甘肃陇南农产品自营电商企业的典型代表，提起“陇小南”，人们自然而然地想到它的创始人赵武强。他是一个生活在大山深处却怀揣着无限梦想，渴望改变命运的人。

2016 年成立的陇小南电子商务公司，在地方政府的大力支持下，不断整合地方农业合作社、农产品企业、种植养殖户等农产品资源和渠道，通过统一的理念植入、品牌设计，利用成熟的网络、物流平台，以传统产品分销代理招募的方式，降低了地方特色农产品网络销售的进入门槛，随着分销渠道资源的积累，取得了不俗业绩，在当地形成了一定的影响力。

仅仅用了 3 年多时间，“陇小南”从第一个 200 元的订单开始，到 2019 年，全年销售额已经超过 3000 万元人民币，其骄人的业绩迅速成为陇南成县街头巷尾、茶余饭后的传奇故事。

互联网的发展使陇南企业外部技术环境发生了巨大变化，特别是随着移动互联时代的到来，新的价值创造逻辑带来的新思维全面进入社会经济发展的各个方面。2015 年 11 月，中央出台了《中共中央 国务院关于打赢脱贫攻坚战的决定》，提出要把电商作为脱贫攻坚工作的重要实践路径，实施“电商扶贫工程”。以此为契机，全国各地结合当地实际，积极探索，形成了形式多样的电商扶贫模式，如通榆、元阳、阿克苏等。其中，“陇南模式”是甘肃省围绕农业特色资源禀赋，基于地域特色的减贫增收的重要探索与实践。

从发展历程来看，“陇南模式”先后经历了两个阶段。第一阶段是“陇南模式 1.0”。“陇南模式 1.0”是在 2013—2016 年电商扶贫起步与试点阶段探索形成的，是以地方政府为主导力量、以国内互联网龙头企业为渠道主体、以草根创业者为市场主体、以初级农产品为产品主体、以微媒矩阵为营销新工具，通过创新电商精准带贫机制和多路带贫方法开展的农村电商扶贫模式。在地方政府的支持下，陇南电商快速发展。众多电商企业纷纷落地。2016 年阿里巴巴大宗货线上交易平台落地陇南，迅速吸引了 400 家电商企业入驻，陇南电商初具规模，“陇南模式 1.0”成绩斐然。

【参考阅读】

“陇南模式 1.0”的基本特点

一是在政府推动方面，凸显了政府的主导作用。

二是在市场运作方面，对接电商市场的渠道，形成以阿里系为主，尤其是以网络零售（2C）平台为主的局面。

三是在百姓创业方面，初步形成以草根创业者为主的电商队伍，他们通过开网店、做网商、促产业、带就业来脱贫。

四是在协会服务方面，以“三商（网商、供货商、物流商）联动”解决农产品销售困难为导向，从而确定了农产品电商的产业定位。重要的是，这一时期，草根电商交易的农产品还是以初级农产品为主。

五是在微媒营销方面，形成了政府引领和服务电商的新形式、新动力和市场倒逼生产供给侧结构性改革的新压力。

这一时期，陇南建立了宣传力度空前强大的微媒矩阵，包括2690个实名认证的政务微博、561个政务微信平台、193个政务网站和众多个人微博、微信，这一相互联动的机制，带领大家合力宣传，共同叫卖陇南的绿色农产品。

结合国扶办“六个必须坚持”的要求，我们可以将“陇南模式1.0”的阶段性特点归结如下：

“陇南模式1.0”是陇南在2013—2016年电商扶贫起步与试点阶段探索形成的，以政府自上而下行政推动为主导力量、以国内互联网龙头企业为渠道主体、以草根创业者为市场主体、以初级农产品为产品主体、以微媒矩阵为营销新工具，通过创新电商精准带贫机制和多路带贫方法开展的农村电商扶贫模式。

【资料来源：转型升级中的陇南模式（三）．“陇南模式1.0”的阶段性特点及模式升级的必然性．知乎（zhihu. com）.】

回顾过往，创业之路上的鲜花和掌声记忆犹新，但赵武强深知，对于自营电商企业来说，经验和成功永远只属于过去，移动互联网时代，企业的生死往往总在一瞬间发生，今天的“陇小南”如何突破瓶颈，实现可持续发展仍然是未解之题。

一、初识网络社群

2000 年，互联网在中国经历了启蒙和快速崛起之后，落入了发展的低谷。众多互联网公司纷纷倒下，中国互联网的领军人物们不得不卸下光环，面对现实，筹谋着互联网的“西湖论剑”。但在西北的边陲小镇，互联网还不为人所熟知，众多像赵武强一样的年轻人在好奇心的驱使下，才开始触网。赵武强无意间得到了一本关于计算机和网络的书籍，如获至宝，网络的种子从此深深埋进了他的心里。

2010 年，受互联网思维的影响，赵武强自学了网络编程、网站设计，着手建立了家乡的第一个门户网站，开始了他与互联网创业的第一次接触。2011 年，当中国网民的目光都聚焦在“中华网”申请破产的新闻时，一个叫作“陇南生活网”的网站却悄然地在偏远的西北甘肃陇南诞生了。

“陇南生活网”用网络连接人们的生活，为人们搭建了一个便捷的信息平台。起初，网站主要以生活信息、房产信息以及人才招聘为主体，将分类信息网络化。网站着眼于服务陇南人民的生活，提供了大量求职、招聘、房屋租售、婚恋交友、同城网购、二手交易等信息。“陇南生活网”使互联网的春风第一次吹到了这座被誉为“陇上明珠”的城市，为陇南市的互联网之路打上了第一个烙印——“0939. net”。同时，这也是“陇小南”创始人赵武强的第一次互联网创业，他不畏艰辛，活跃在移动互联爆发式增长的风口浪尖上，他认识到互联网不仅是技术的革新，更是一种商业模式的变革、一种思维方式的转变。

一方面，互联网思维悄然改变着西北小城人们的生活方式，另一方面，互联网也成为人们生活中不可缺少的一部分，由此“陇南生活网”迅速积累了60万名用户，形成了陇南当地当时最大的网络社群。“我们怎么也想不到互联网可以使我们在这么短的时间内与这么多的人发生关联”，访谈中赵武强说到。

用户不断地在“陇南生活网”发布各种各样与生活相关的信息，使“陇南生活网”迅速聚合成了一个巨大的陇南信息平台，这种聚合力成功地完成了价值创造，众多商家纷纷找上门来，这便为赵武强带来了第一桶金。这时，互联网社群的神奇力量第一次让赵武强感到震撼，也深刻影响了他第二次互联网创业时的选择。

二、转型农产品电商

（一）从没落到转型

人生如逆旅，我亦是行人。生活信息门户网站可以说是“Web

1.0”时代的“遗孤”。“Web 1.0”时代，各地门户信息网站大多是当地网民上网的第一“入口”。但是随着网络信息入口的多样化和国内巨头企业的聚合化强势入局，“陇南生活网”开始逐渐被人们淡忘。2015年“陇南生活网”的用户社群虽然有所发展，积累到了80万人，占到陇南市常住人口的三分之一，但此时的社群运营已远跟不上互联网发展的要求，网站流量不断下滑，随之而来的是广告收入的下降，公司难以维系，赵武强的团队不得不在互联网高速发展的浪潮中重新探索，而此时的陇南在政策红利和互联网思维的双重影响下，正被电商悄然改变着。

【参考阅读】

Web是“World Wide Web”的省略语，简称“WWW”，中文称为“万维网”，其特点是将分布存在的信息片段无缝地组织成为站点，其中，图像、文本、音频、视频成分可以分散存储于相距甚远的计算机上。它是1990年由英国人Tim Berners－Lee在欧洲共同体的一个大型科研机构任职时发明的，此时，世界有了第一台Web服务器和Web客户机。1993年，伊利诺伊大学学生安德里森在美国国家超级计算机应用中心实习时开发出图形界面浏览器Mosai，让人们可以用空前方便的方法访问万维网信息资源。从此，万维网在世界范围内不胫而走，被称为“网中之网”。万维网是因特网应用取得爆炸性突破的关键性条件，通过万维网，互联网上的资源，可以在一个网页里比较直观地表示出来，而且资源之间，在网页上可以链来链去。这种利用互联网络实现了人类海量资源共享的技术，就叫“Web 1.0”。

“Web 1.0”的本质是聚合、联合、搜索，其聚合的对象是巨量、芜杂的网络信息。“Web 1.0”的聚合对象，是业界所说的微内容（microcontent）。微内容，也称为私内容，是相对于我们在传统媒介中所熟悉的大制作、重要内容（macrocontent）而言的。学者Cmswiki对微内容的最新定义是这样的：“最小的独立的内容数据，如一个简单的链接，一篇网志，一张图片、音频、视频，一个关于作者、标题的元数据，E-mail的主题，RSS的内容列表等。”也就是说，互联网用户所生产的任何数据，都可以被称为微内容。

在“Web 1.0”上作出巨大贡献的公司有Netscape、Yahoo和Google。Netscape研发出第一个大规模商用的浏览器，Yahoo的杨致远提出了互联网黄页，而Google后来居上，推出了大受欢迎的搜索服务。但是，也应注意到，“Web 1.0”只满足了人们对信息搜索、聚合的需求，而没有满足人与人之间沟通、互动和参与的需求，所以“Web 2.0”应运而生。

【资料来源：刘畅．“网人合一”：从Web 1.0到Web 3.0之路［J］．河南社会科学，2008（02）：137-140.】

陇南市位于有着众多神秘色彩的北纬33°，众多农业特色产业在这里孕育，核桃、橄榄、中药材是其中的代表。多年来，受制于交通、通信等因素，大部分农产品只能由小商小贩收购贩运，无法形成品牌效力，自然也卖不上好价钱，当地老百姓不得不陷入物产丰富却收入微薄的尴尬窘境。随着互联网的崛起，地方政府意识到，电子商务的运营模式刚好可以将陇南农特产品经营分散、品种多、规模小、产业链短的劣势转化为优势。于是，2013年，电子商务成为陇南市“433”重点工作“三个集中突破”之首，领先全省。2014年，在省人民政府的支持下，陇南市主动向国务院扶贫办申请成为电商扶贫的试点城市，为全国开展电商扶贫投石问路。

2015年1月，国务院扶贫办正式批复，同意陇南作为试点市。于是，在全国助农增收、脱贫攻坚目标的引领下，一个陇南市农产品网货供应中心成立了。发挥平台规模效应，更好地把地方特色农产品卖到全国各地的想法在地方政府的酝酿之中。

与此同时，赵武强也思考着关于农产品电商的问题：“我们当时就想，第一次创业积累的社群资源和农产品电商有没有可能产生‘化学反应’，所以准备利用现有社群资源建立一个农产品销售中心。”这一想法正好契合了成县政府成立网货供应中心的思路，2016年，二者一拍即合，于是，甘肃陇小南电子商务公司正式成立，赵武强的第二次创业开始了。

（二）自营电商的聚合效应

每个人都是自己命运的雕刻师，转型农产品电子商务后，赵武强准确地把握了农产品电子商务的症结所在，专注于网络营销渠道的建设。2018年6月，在陇南师专电子商务学院（现陇南师范学院）仓储中心，“陇小南”特产供货中心正式上线运营。赵武强充分挖掘了自身的优势，利用现有社群资源和技术优势，对线上网货供应中心平台进行了多方测试运行，确保信息的良好运行。供货中心占地面积400平方米，成立初期，主要为中小网商提供网货“一件代发”服务。

在运营的过程中，对供货时间、有无缺货、错误率、畅销与滞销品信息以及新产品的信息和样品提供等进行调查、研究和分析，确保信息的收集、存储、传输、处理、检索和输出等环节良好运行。

“陇小南”创始人赵武强

同时，“陇小南”电商团队积极对接网货生产企业、合作社，筛选符合入驻条件的产品入驻网货供应中心。几经摸索，赵武强采取了线上“分销网络＋电商平台”，线下以供应链、产业链、自营品牌深加工体系为核心的经营思路，通过聚合产业链环节，搭建了一个服务于所有产品、品牌的线上商城平台，开辟出一条适合本地电商的自营路线。

根据不同的运营模式，电商企业一般可分为三种类型，即销售平台型、交易平台型和自营电商，如图1所示。

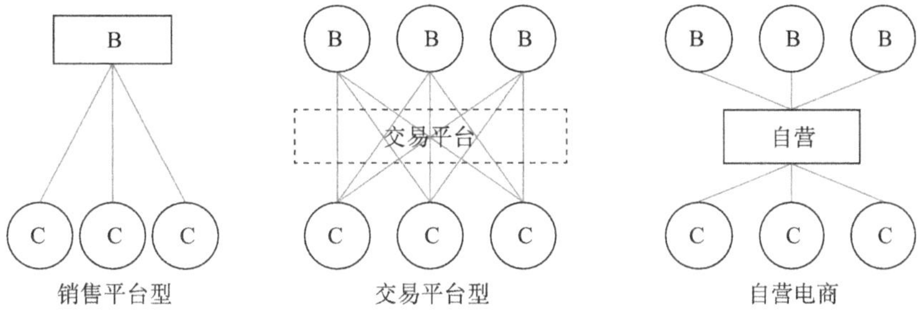

图1 电商企业类型

从运营模式来看，自营电商虽然也是一种平台企业，但是与销售平台型和交易平台型企业不同，其本身不是产品生产商，其网络的丰富程度也远不如交易平台型企业，信息不能在企业（B）与消费者（C）之间自由流动。许小年在《商业的本质和互联网》一书中提出，互联网本身对于电商企业来讲仅仅是一种工具或者平台创新，自营电商并不具备网络的梅特卡夫效应，可见自营电商虽然产生于互联网环境。其本质与传统商业企业并无太大区别，仅是作为产品商和顾客群体的中间节点而存在，节点两端的产品商和顾客并不能直接完成沟通、提高效益、完成价值创造。实际上，自营电商的活动可以归结为两件事，一是建立分销渠道，联系顾客，二是联系厂商，整合货源。

【参考阅读】

梅特卡夫定律是一个关于网络的价值和网络技术的发展定律，由乔治·吉尔德于1993年提出，但以计算机网络先驱、3Com公司的创始人罗伯特·梅特卡夫的姓氏命名，就是为了表彰梅特卡夫在以太网上的贡献。

梅特卡夫定律的内容是：一个网络的价值等于该网络内节点数的平方，而且该网络的价值与联网的用户数的平方成正比。换句话说，某种网络，比如电话的价值会随着使用的用户数量的增加而增加，即网络的价值 $V = K \times N^2$（K为价值系数，N为用户数量）。具体表现是网络价值与网络节点数的平方，与联网用户数量的平方成正比。

梅特卡夫定律是基于每一个新上网的用户都因为别人的联网而获得了更多的信息交流机会，指出了网络具有极强的外部性和正反馈性：联网的用户越多，网络的价值越大，联网的需求也就越大。总体上看，梅特卡夫定律说明的是消费存在效用递增，即需求创造了新的需求。

【资料来源：梅特卡夫定律，百度百科（baidu. com).】

三、渠道重构

（一）渠道与价值创造

运营了一段时间后，赵武强发现一切并非自己想象得那么顺利，自营一直表现得不温不火。“农产品的标准化概念并不被消费者普遍接受，很难通过一些具体的指标体系说明甘肃农特产品的优势，同时前期我们的客户较为分散，很难实行集中化的市场战略，初期企业的经济实力也不允许我们进行大范围的营销宣传，”赵武强在谈到“陇小南”在运营过程中所面临的困难时说到。赵武强开始意识到生产端和消费端“两个联系”才是关键，这迫使他不得不重新思考“陇小南”的渠道问题。

几番推敲之后，赵武强认为“陇小南”分销渠道的要素构成更加接近传统渠道，渠道重构需要重点考虑三个方面的要素。一是产品要素。“陇小南”销售的主要产品是陇南市的农特产品，甘肃农特产品的差异化程度低、规模小、知名度不高的特性使借助现有网络平台进行销售的效率很低。用传统渠道建设的思维，加强产品与消费者之间的联系，无疑是企业建立之初很好的渠道建设思维。二是市场要素。市场要素要考虑市场特性，如顾客规模、顾客分布、顾客的购买习惯与偏好、产品品质的重要性、消费或用途特点等。“陇小南”发展的初期，顾客群体主要以甘肃籍顾客为主，同时在农特产品消费时，大多数顾客追求产品品质，对于渠道信用重视程度高，多从微商、熟人渠道购买，这是“陇小南”渠道设计时的考虑要素。三是企业要素。企业要素主要考虑企业财务能力、影响力与市场地位、企业对目标市场的熟悉程度、营销目标等。“陇小南”团队早期参与筹划陇南信息网，多年的运营积累了大量的网络资源和网络渠道运营经验，这是“陇小南”渠道设计的基础要素。前期，渠道、经验的积累使“陇小南”现有渠道有着较低的成本，同时网络分销模式使企业在成立初期节省了大量资金。

基于产品、市场和企业要素的综合考虑，“陇小南”分销渠道的构建思路进一步明确了，即在前端整合大量的企业、合作社、农户的农产品资源，形成规模效应，在后端与顾客主动联系并完成农产品销售。

这个新兴的电商企业不仅带动了当地农产品的销售，也聚集了大量用户。“陇小南”不仅是一个销售平台，更是一个价值创造的中心。通过自营电商模式，赵武强不断挖掘用户需求，优化产品供应链，提升服务质量，从而不断增加社群的黏性和活跃度。

（二）社群共生模式

在实践中，赵武强很快发现，前端的资源整合需要以农产品的销售为基础，销售情况越好，前端整合成本越低。由此破局，发展的重点还是营销。那么如何更好地与顾客产生联系，提升渠道效率呢?

赵武强意识到，社群是电商成功的关键要素之一。通过社群的形成和发展，他不仅能够准确捕捉用户需求，还可以实时获取市场反馈，不断优化产品和服务，从而提高用户满意度。同时，社群成员之间的互动也极大地促进了信息共享、合作共赢的理念，加强了企业与用户之间的信任和认同感。

很快，“陇小南”设计了一套自己的农产品“二级分销代理模式”。所谓“二级分销代理”，是指代理商可以继续向下延伸至二级代理。具体来说就是如果 A 是发展人员本身，其可向下延伸一级至 B，而 B 可以继续延伸至 C 乃至 D，但是对于 A 来说，其仅与 B、C 存在依附关系，我们称其为二级。这是符合《最高人民检察院、公安部关于公安机关管辖的刑事案件立案追诉标准的规定（二）》第七十八条、《关于办理组织领导传销活动刑事案件适用法律若干问题的意见》相关规定的，同时也是微信官方认可的销售模式。

在这一分销模式中，佣金奖励扮演着重要的角色。“陇小南”依托微信小程序平台，开发了“‘陇小南’商城”，消费者通过微信小程序搜索进入分销商城，购买商品即可申请加入分销代理，一旦成为代理后，当好友通过代理商信息分享进入商城购买商品时，代理商便可以获得相应的佣金奖励，类似的是，如果他的好友再向下分享，推荐的商品被购买，他和他的上级代理也可以获得佣金奖励，佣金奖励以两级为限。具体模式如表 1 所示。

表 1　两级佣金奖励模式表

步骤	奖励模式
1	消费者 A 通过购买产品成为分销商
2	消费者 A 将产品信息分享至社群，社群成员 B 通过信息购买产品，则 A 可获得佣金奖励
3	消费者 B 将产品信息分享至社群，社群成员 C 通过信息购买产品，则 A 和 B 均可获得佣金奖励
4	消费者 C 将产品信息分享至社群，社群成员 D 通过信息购买产品，则 B 和 C 可获得佣金奖励

在利润分配方面，不同的等级，分佣比例不同，获得的佣金也不同。“陇小南”二级分销系统的佣金组成分为销售佣金和推广佣金，具体分成比例作为变量，由企业根据产品情况确定。同时，“陇小南”还定期对分销商进行业绩评价，通过对业绩较好的代理商进行激励，加强渠道控制。

随着更多的人参与其中，网络效应逐渐放大，形成一个庞大的用户群体。代理商越多，商品的销售渠道越广，从而又吸引了更多的消费者，形成良性循环。

在二级分销的模式下，“陇小南”通过组建49个微商分销群，迅速吸纳分销代理20000余人，覆盖全国34个省区市，整合全市范围内100多家企业500多种优质网货入驻，日均销售额突破6万元，2019年年销售额超过3000万元。

“以前我们的农产品是自产自销，现在利用全新的分销代理模式，我们实现了农产品的自产他销”，赵武强感慨地说。电商不仅使陇南的农产品走出了深山，而且走向了全国。

通过社群的形成和发展，“陇小南”不仅能够准确捕捉用户需求，还可以实时获取市场反馈，不断优化产品和服务，提高用户满意度。赵武强坚信社群共生的理念，通过社群的力量，他成功地将陇南的农产品推广到全国市场，实现了陇南农产品的转型升级和增值。

这个模式体现了信息传导和网络效应的原理。通过分销商将产品信息分享给社群成员，形成了信息传导的效应，使产品信息能够快速传播，吸引更多的潜在客户。同时，随着分销商数量的增加，网络效应也逐渐放大，形成了一个庞大的销售网络，从而加速了销售量的增长。

通过佣金奖励，分销商得到了直接的经济回报，从而激励他们更积极地参与产品销售和推广。同时，对优秀的代理商进行奖励激励，也加强了渠道的控制，提高了整体销售绩效。

四、合作共赢与社会责任

（一）合作共赢

在重新明确了渠道设计思路后，赵武强开始积极与企业、合作社和农户展开合作，共同构建“陇小南”的分销渠道。他坚信，只要合作，就一定能实现资源优势互补和规模效应。

“陇小南”团队意识到，要实现合作共赢，首先需要建立稳固的合作伙伴关系。他们持续与陇南地区的企业、合作社和农户反复沟通，及时掌握他们的资源和需求。通过深入了解合作伙伴的业务情况和特点，他们能够更好地找到合作的契机，将“陇小南”的产品与合作伙伴的资源进行有效对接。

其次，他们发现，在合作的过程中需要考虑资源的整合和共享。通过与合作伙伴共享信息、技术和资源，他们能够共同构建起一个稳固而高效的分销网络。这种资源的整合和共享不仅能够提高合作伙伴的经济效益，也能使“陇小南”的产品更好地覆盖市场。

最后，赵武强还意识到要实现合作共赢，必须要注重互信和共同发展。他们坚持诚信经营，与合作伙伴建立长期稳固的合作关系。通过共同发展和互相支持，他们在市场竞争中取得了更大的优势。

在合作共赢的实践中，赵武强深刻体悟到，企业和合作伙伴都是参与者，只有共同行动，才能实现共赢的目标。这种思想不仅促使“陇小南”实现了更好的市场表现，还被渗透至企业文化中，推动企业不断向前发展。

（二）情怀与社会责任

每个企业家对社会责任都有不同的认知，大多数草根创业明星都把践行企业社会责任作为提高企业声誉的有效手段，“陇小南”也不例外，赵武强说：“践行社会责任，不仅能提升企业竞争力，而且能带动当地农民增收，大家好才是真的好。”

一方面，和大多数企业一样，赵武强拿出一部分企业利润做了一些捐赠帮扶活动。2021—2022 年，“陇小南”公司员工全员出动，积极参与抗疫行动，捐款捐物，分别向成县红十字会、陈院镇、黄渚村、陇南师专、抗疫执勤点等捐赠消毒液、口罩、帐篷等物资，受到了周围群众的广泛好评。另一方面，赵武强认为，“授人以鱼不如授人以渔”，应教会老百姓学会利用网络创业，发挥互联网的优势，将特色转换为收入，这才是就业、增收、脱贫目标实现的关键，这对企业来说是最大的社会责任，也是企业竞争力提升的有效途径。

2020年2月6日，成县商务局（电商中心）依托“陇小南”网货供应中心，为全县有意愿的城乡群众开展线上电商扶贫实用技能培训。培训结束后，“陇小南”为参与培训的群众免费开放代理权限，提供电商实战平台，引来城乡群众积极参与。同时，“陇小南”还重点招募了一批返乡青年、留守妇女、因残因病致贫的人员加入了销售的队伍当中，累计人数126人，由电商创业导师对以上人员进行免费一对一的培训，培训其从事电商的基本技能，使其最终走向了创业之路，个人收入显著增长。

“陇小南”积极推进全产业链建设项目，和陈院镇171户建档立卡贫困户签订辣椒、万寿菊订单，为431.9亩耕地购买了农业保险，与28户建档立卡贫困户签订农产品销售合同，给农户吃下了“定心丸”。当得知农户草莓滞销的消息后，“陇小南”积极出动，在地方政府的联络下，依托公司的分销渠道，交出了日销售700斤的成绩，农户无不惊叹网络的神奇。“这对‘陇小南’来说是渠道资源的积累，对群众来说是增收的路径。”赵武强说。的确，能力越强，责任越大，专注农产品网络销售渠道建设的“陇小南”正是在不断的社会责任践行中迅速成长的。

地方政府评价“陇小南”网货供应中心的建立是“不断深化实施‘1333’电商发展思路，贯彻落实全市电子商务发展大会精神，聚力打好电商发展整体战、融合战、质量战、全域战的重要举措，是陇南电商高质量发展的重要实践”。

网货供应中心的成功运营与社会效益的初显，标志着区域电商发展命运共同体初步形成，网商、供货商、物流商之间的加强协作、资源共享推动了陇南电商向更高层次发展。“陇小南”不再是一个普通的商业企业，而是一个具有社会责任感的企业。企业的成功不仅取决于经济指标的增长，更取决于企业对社会的贡献。

这些社会责任的践行，不仅塑造了“陇小南”良好的社会形象，提高了声誉，还带动了企业竞争力的提升。社会责任已经成为“陇小南”发展的内在动力，这让他们更加关注社会的发展与进步，同时也激发了企业创新与协作的能力，与社会形成了紧密的联系，实现了共赢的局面。

五、在路上

面对成绩，赵武强并没有因此而骄傲自满。他谦逊地说：“‘陇小南’仍然在路上。”

随着“陇小南”的高速发展，一些问题也开始暴露出来。在对赵武强的访谈中，他谈到渠道管理成本增加、渠道冲突、消费者需求无法及时转换为产品等一系列问题。比如，“陇小南”通过渠道完成引流后，终端顾客往往在二次购买时为了获得低价，选择绕开“陇小南”直接联系厂商拿货；分销商为了利益，往往抛开产品本身，完全基于社会关系推销“陇小南”的产品，使很多顾客出现抵触情绪，客户忠诚度不高等。再比如，和代理商沟通的过程中，“陇小南”发现了一些终端消费者对产品的新需求，但由于“陇小南”对该产品供应商的影响力有限，这一部分需求并不能被及时满足。

编写组走访赵武强

赵武强认为，进一步提高渠道效率是“陇小南”目前问题的关键，只有提高渠道效率，才能进一步增加产品供应商对“陇小南”的依附程度，增加企业的影响力。同时要根据市场需求变化，适时进入产品市场，实施纵向一体化的发展战略，进一步发挥渠道优势。这意味着，前期“陇小南”引以为傲的渠道思维要重新梳理，企业战略或面临重大调整。

在面对问题和挑战时，赵武强没有止步不前，而是选择了“背水一战”，决心推动企业不断前进。在渠道结构不断调整的同时，决定迈出企业纵向一体化的第一步。

2019年，在地方政府的支持下，“陇小南”选址重建成县升级版网货供应中心，占地面积较之前扩大了近20倍，新增了电商产业成果展示中心、仓配一体化中心、电商运营区、农产品深加工生产线和2条自动打包带，并结合体验电商发展，打造网红打卡点，建成后将形成集产、供、销、娱、玩、购于一体的全产业链生态电商示范基地，服务功能将更加齐全，服务能力将更加强大。

2020年8月24日，成县升级版网货供应中心开业启动仪式在陈院镇梁楼村网货供应中心新址举行，这是赵武强关于“陇小南”互联网思维的再一次转变，他的第三次互联网创业就此起航。

没有一劳永逸的成功，只有不断追求进步和改进。在面对困境时，赵武强能保持积极的态度，敢于担当，勇于创新，不断寻找新的突破口和发展路径。在面对市场环境变化时，不断调整战略，实现可持续发展。在面对相关利益者时，与政府、合作伙伴和员工紧密合作，共同推动企业取得更大的成功，未来可期！

人物

赵武强，陇南生活网创始人，现任甘肃陇小南电子商务有限公司总经理。2018年打造互联网电子商务自营平台“陇小南”特产供货中心，现已整合陇南市100多家企业500多种优质网货入驻，共有500多名贫困户通过平台销售农产品，人均增收3500元，曾获“中国农村电商致富带头人”“甘肃省脱贫攻坚先进个人”等荣誉称号。

媒体报道

“80后”的赵武强，一个好强、上进的年轻人。他的梦想是继续带领全体员工做大做强互联网事业，为家乡人传递更多的生活信息和致富信息，带领更多的群众依靠电子商务脱贫致富。在执着的追梦过程中，他从未停止过前行，也会将余生全部投到农产品推广中。希望归来仍是少年！

【资料来源：“最美电商奋斗者”赵武强：乘着互联网的春风，走向发展的快车道_小南（sohu. com）.】

案例 2

“主动求变”的“康润珍果”桑葚酒*

“远上寒山石径斜，白云生处有人家”，取诗为名的石径是一名返乡创业大学生。从一个电商快递员成功转型为桑葚酒产销一体化的青年企业家，石径不仅有效利用了成县当地桑葚种植的良好基础，酿造出美酒，还摸索出一套社群营销的独有销售渠道。

石径的创业思路与众多电商创业人有所不同，主打一个“主动求变”。与一般的农村电商的创业者不同，本可以跟着电商的浪潮随波逐流，但是在众人都忙着筹划电商 2.0 的升级版本时，石径却主动从农村电商的光环之下悄悄回归了文旅引流、主营线下的道路。不是轻易放弃了电商平台，而自己的每一步都是积极实践和主动超

---

* 本案例由管新帅、罗一鸣撰写，作者拥有著作权中的署名权、修改权、改编权；本案例的撰写及发表已取得相关企业及案例当事人授权；由于企业保密的要求，在本案例中对有关名称、数据等做了必要的处理；本案例仅是关于企业发展历程的描述与讨论，并无意暗示或说明某种管理行为是否有效。

越自我的印记，回归线下也是主动适应市场的变化，印证了物竞天择、适者生存的自然定律……

随着互联网的蓬勃发展，电子商务悄然渗透到每个人的日常生活之中，足不出户进行购物已成为人人可为的现实。传统的营销模式正在经历一场根本性的变革，生产者与消费者拥有了直接交易的平台，中间商的角色逐渐式微。市场环境的日新月异，消费者购物方式日趋多样化，迫使企业必须根据市场的动态转变其供应方式。这股互联网风潮不仅影响着大都市，在小县城，越来越多的企业和商家也怀抱着“互联网+”的理念，以全新方式升级现有业务，甚至敢于站在创业风口，因势而谋、因势而动、顺势而为，这个理念已深入每位有志于转型的创业者的内心。

在电商盛行的大环境下，众多年轻人站在这个时光交汇之处，满怀期望地踏入电商的潮流之中，其中就有一个叫石径的年轻人。他是当地韵达快递负责人之一，在电商浪潮中，他也跃跃欲试，希望能够充分抓住互联网时代的机会。然而，他也深知，要在这场革新中获得成功，不仅需要积累过去的成功经验，更需要在面对未知时，拥有尝试新事物的勇气和锐意创新的思想。

“在那个时候，快递的收发量每月都在急速增长，这表明即便在县城，也有越来越多的人开始认可网购，如果外面的东西可以进来，那么我们本地的特产是否也能通过网络平台走向全国，受到更多线上用户的欢迎和购买？结合本地特色，审视自身的实际情况，我当时就觉得农产品电商是一条极具潜力的创业之路，于是下定决心试一试。”谈起电商创业的初衷时，石径不禁感慨万千。

【参考阅读】

电商的发展改变了很多年轻人的想法。在苏州，快递员赵泽发现快件数量猛增，发现商机后，赵泽辞职创建了蜜滋兰（苏州）食品股份有限公司，主营高端进口蜂蜜及蜂产品，是新西兰蜜滋兰（MIZLAND）高端蜂蜜品牌中国区总代理，全权负责该品牌在中国区的品牌运作和行销。品牌销售渠道包括高端百货、专业药店、连锁专营店以及电子商务，同时，销售团队还不断研究和开拓了新渠道。在天水，“80后”的李成看到天水农特产品只能等待客商上门收购，而且价格还很低，为了让果农辛苦一年种植的果子卖上好价钱，让天水的农特产品“走出去”，李成在快递公司经营得红红火火的时候选择加入了电商行列。

2016年，怀揣着对未来的美好愿景，石径根据自身现状和对电商的模糊认知，创办了康润珍果酒坊，做起了在互联网上卖桑葚酒的生意。做时代的弄潮儿是幸福的，但要成为时代的风向标，这条道路不乏曲折。对所有人而言，这都是一个全新的供销模式，这次创业之路注定走得不会容易。现实比想象更加残酷，由于无法亲身与客户交流，缺乏客户反馈，同时受制于资金限制，在流量和广告方面投入较少，桑葚酒在网上的销售额非常有限，电商带给他的除了开始的兴奋，更多的是后期运营的烦恼与挑战。

成县康润珍果酒坊创始人石径

“我有时会问自己，农村电商真的适合我吗？或者说，像我这样小规模的农产品生产者，是否适合从事电商？回首往昔，我逐渐认识到，电商对于农村创业者来说并不十分友好，尤其是对我这种小规模农产品生产者而言。”访谈中石径若有所思地摇了摇头……

一、谋生：历练与成长

2011 年石径大学毕业，他先后从事过污水处理、安全环保等工作，甚至在上海、天津等一线城市摆过地摊，然而，他的职业旅程并未如愿，职业前景模糊不清，仿佛一脚踏进了浩瀚无边的天地。

就在对理想的坚韧追逐中，机缘的风向标指向了他。2013 年，成县率先在全市发展了电子商务，号召全县人民踏上电商创业的舞台。社会宛如大海，需要年轻的潮流来注入活力，而年轻人，亦渴望社会为他们开启机遇的大门。

地方政府积极鼓励和支持大学生返乡，希望用他们的知识和新思想快速为这条道路披荆斩棘，政府也在政策、资金等方面给予了大力支持，想用他们的发展成果影响并带动全县的共同发展。石径决定回归故里，用他的智慧、信念与激情，孕育出一片属于自己的事业绿洲。

返乡之后，石径并没有立刻投入电商的怀抱，而是在机缘之下，接触了与电商息息相关的快递行业。作为连接电商的桥梁，快递业在此间突飞猛进，其网络的拓展与电子商务相得益彰。

一次偶然的机会，石径参加了成县电商中心组织的座谈盛宴，共鸣迸发于交流之间。座谈会落幕，在成县电商中心的带领下，签订了支持电子商务发展协议，合同以协议价格为成县网商提供快递服务。同年 5 月，石径荣升为韵达快递成县公司负责人。这份事业使他第一次近距离接触了农村电商，也为日后的电商创业埋下了伏笔。

二、创业：结缘桑葚酒

创业之路，于石径而言，犹如一杯芳醇的桑葚酒，滋味醇厚，留香不忘。石径曾经在一家酒厂上过班，这个经历给了他一定的酿酒心得。而石径的家乡陇南，正是桑葚生长的宝地，一切天然素材为他创造了理想的原材料基石。在积极拓展快递业务的同时，一簇酿造桑葚酒的希望之花在他眼前绽放。

起初，石径的想法让很多人质疑，反对声最大的就是自己的家人，“一个20多岁的小伙子能酿造出什么桑葚酒来？”家人的怀疑可以理解，一是当时石径年纪小，做事没有经验；二是经济能力有限，无法进行大的投入；三是周围也没有成功的案例可以借鉴，看不到前方的道路。

但石径认为有四个可以坚持的理由：一是市场巨大，果酒在中国市场起步较晚，销售模式还不成熟，有很大的开发潜力。二是营养健康的需求，在人们普遍注重营养和健康的时代，酒也要顺应潮流和消费需求。三是生态宜居效应，深加工不仅可以解决水果滞销问题，更能增加农民种植的积极性，提升水果价格，助农增收，大面积种植桑树还可以改善环境。四是原材料优势，成县日照时间长，温差较大，虽然地处北方，却似南国风光，因而所产桑果香甜可口，堪称高品质之标杆。

成功的道路并不拥挤，因为坚持的人太少。尽管支持者寥寥，怀疑者众多，但石径始终坚守初心，以破釜沉舟的勇气投入创业，用自己通过经营快递积攒下的一点积蓄进行了土地流转，自行建起36亩的桑葚基地。在种植中，他始终坚持不打任何农药，不施任何肥料。功夫不负有心人，通过持之以恒的探索，最终成功生产出了纯天然、无添加的桑果。

有了好的原材料，2016 年他创办了成县康润珍果酒坊，挖掘桑葚乌发明目、滋阴补肾的药用价值，酿出了别具一格的桑葚保健酒。在他的带领下，农户的桑葚种植热情也被进一步激发，当地桑葚种植总面积也逐步扩展至 469 亩。

【参考阅读】

桑葚酒，是以桑葚为原料酿造的果酒，有滋补、养生及补血功效，同时在视力保护、防癌抗癌、提升免疫力方面有明显效果。桑葚是桑树的成熟果实，味甜汁多，一般生长在排水系统好、地面平整、阳光充足、通风透气的地方，其含有大量的水分、粗纤维、蛋白质、转化糖、花青素等成分，具有增强免疫力、促进造血细胞的生长、促进新陈代谢等作用，营养价值高的同时还有一定的药理学价值。《本草纲目》等多种医药典籍对桑葚的药用价值均有记载。

在当年的成县核桃节上，石径自己酿制的桑葚酒惊艳全场，受到众多国内外顾客的广泛欢迎。与此同时，核桃节期间，中国新闻网还以“传承千年桑葚酿酒文化‘90 后’酿酒师酿造中华古酒”为题，对桑葚酒进行了全方位的宣传报道。看到顾客对这款新型桑葚酒口感的肯定和认可，石径心里的石头终于落地了，第一次感觉到未来可期。

三、破局：社群营销

（一）电商也有门槛

电商的世界虽充斥着无限的可能性，但亦有门槛。产品肯定是核心。而对于一款新推出的产品，其问世初期，市场尚未广泛知晓、认可，品牌知名度不高，销售渠道尚不成熟，那么从何处开启销售，这成为一个棘手问题。

酒在中国人的心中有超越其他饮品的独特地位，被赋予了特殊意义，是一种习惯性消费商品，社会属性较强。但消费果酒，还需要培养消费者的消费习惯。酒的消费量和品质往往是消费者地位和身份的象征。大型聚会、商务宴请，大多使用本土白酒，这是中国酒文化的传承。那么果酒市场的潜在客户在哪里？客户年龄是不是应该更年轻化，如何让已经接受了韩国米酒、日本清酒和欧洲洋酒的年轻人转念来尝试本土的果酒呢？如果找到了客户群体，如何让他们了解、知道自己的产品，购买桑葚酒呢？石径每天都在思考这些问题。

以各种媒体相关的广告资源为媒介进行宣传推广无疑是最好的方式，可这对于创业刚刚开始、资金短缺的石径来说，显然是不现实的，并且当时康润珍果还没有拿到在全国范围销售的认证，在本土投放的广告也并没有达到预期的效果。想让企业良性运转，当务之急就是让自己的小企业存活下去，要有收入。

这时，石径想到要借助网络平台进行桑葚酒的销售。于是他着手考虑如何推广线上销售的事情。但很快发现事与愿违，效果并不尽如人意，他发现，其实电商也有门槛，自己的商品想要在电商平台营销有三个困难：一是产品的认证问题，没有认证，康润珍果的桑葚酒失去了在一些成熟的线上平台做推广销售的机会；二是进入电商平台，意味着将要面临更大的竞争，而石径的桑葚酒较全国其他同类产品还有一定差距，比如制作工艺相对简单，地处偏僻，快递发货价格拉高了客户的网购成本，很难吸引流量；三是康润珍果正在创业初期，就算成熟电商平台完成了引流，但由于现阶段企业的生产规模较小，产量不高，一旦形成流量，也无法满足大量的客户需求。

（二）转战社群营销

电商营销的第一步并没有像石径想象得那么顺畅，于是他只能退而求其次，把线上营销的重点从渠道营销转向了关系营销，做起了微商。

【参考阅读】

微商是基于微信生态圈的移动社交电商。微商的范畴可分为狭义和广义两种：狭义的微商即微信商户，单指利用微信朋友圈宣传售卖产品的商户；广义的微商是指微信商务，即基于微信等社交平台而衍生的一种新型电子商务形态，是个人或者企业基于社会化媒体所开展的一种新型网络销售模式。

微商以其低廉的价格吸引了众多关注，微商产品价格比实体店低廉的原因有两个：一是宣传推广成本极低。微商商户在微信朋友圈即可推介产品，而传统企业推介产品需要投入大量的广告宣传费用。二是销售成本低。微商商户以多层级朋友为中介代理售货，可以省去零售实体店的店面房租、雇员工资、税费等各种费用以及传统经销商的中间利润。

传统电商与微商的区别在于，传统电商以商品为中心，主营货物生意；微商以人为中心，主营人际关系，通过人际关系获得信任，再凭借信任卖出商品。微商模式有两种：一种是基于微信朋友圈卖货的微商，即消费者对消费者（C2C）微商；另一种是基于微信公众号的微商，即企业对消费者（B2C）微商。微商产业链主要包括微品、微店、微商销售团队或个人、社交媒体（如微信）、物流服务商以及支付平台等。

【资料来源：俞华．我国微商新业态发展现状、趋势与对策［J］．中国流通经济，2016，30（12）：47－56.】

成为微商后，在短短不到一个月的时间，石径在线上、线下共销售桑葚酒1900瓶，销售金额达18万元。通过社群推广，让全国各地的很多顾客都品尝到了这款纯天然的桑葚酒。

现在看来，作为社群营销的重要方式，微商很好地解决了康润珍果发展初期的瓶颈问题，这主要得益于三个方面。

一是集体利益与个体利益的满足。社群的利益满足包含集体利益和个体利益两个方面。从集体利益方面看，社群追逐的是整体的地位提升和社会资源获得，一旦社群通过资源的聚集提高了社群地位，其成员获得的机会与利益就会增加。同时，成员利益的提升也是社群资源进一步积累的前提，社群可以依附这些资源进一步提高地位。社群与成员之间的这种相互支持、相互促进，其结果是集体利益与个人利益的双重收获。从个人利益来看，社群可以是其成员自我满足的载体。国内研究者通过对网络社群成员发的帖子进行分析，发现网络品牌社群参与的需求可分为五个层次，即功能性需求、自我表现需求、社交需求、尊重需求和自我实现需求。这个研究中的需求分层在一定程度上借鉴了马斯洛的需求层次理论，其研究表明，人们参与品牌营销类社群的动因，不仅是基于品牌的认同，其深层基础还是自我需求的满足。对于与社群经济相关的其他社群来说，也是如此。在集体利益与个体利益的双重驱动下，社群成员会有更强的动力全方位贡献自己的能量，即进行智力、行动力、社会资源等方面的投入。

二是关系连接实现社会资本生产。要实现从社群向经济的转化目标，社群的持续性、集体行动能力以及成员对社群的忠诚度等因素具有重要作用，而它们都依赖于成员间的关系连接，而且这些连接的效率最终表现为社会资本的生产能力，同时，社会资本的生产能力也必然成为社群的目标导向。多数网络社群是以自组织方式起步的，在社群发展的过程中，当社群具有社会资本生产力的目标导向时，会自然形成分工合作，也会逐渐形成“中心”，从而形成社群经济逐渐形成的基础。

三是文化驱动。认知资本是社群社会资本的一个基本方面，而认知资本与社群文化相关。对于社群来说，认知资本可以表现为社群共同的知识基础、在群体互动中形成的社群独有的“语言”或交流符号，以及社群的共同愿景等。不同社群中推动集体生产力形成的认知资本的要素或许不尽相同。社群文化也会体现为社群的群体规范，这也是群体成员共同的行动指南。社群经济所需要的共同行动力，往往需要这种规范做保障。

一个拥有共同文化基础与相似文化气质的社群，可以使成员超越利益的需求，对社群产生更多的文化依赖与归属感。这种文化既可能是成员既有的共同价值观、文化趣味的沉淀，也可能是在互动的碰撞中形成与培育的新文化。社区文化也会使成员产生更多的亲密感与认同感，这不仅有助于提高用户的黏性，更可以使用户从产品的被动使用者变为产品文化及社区文化的建设者。当成员的认同度和一致行动能力不断提高时，基于社区的文化共同体也可能会应运而生。

四、调整：借力文旅融合

在社群营销的帮助下，石径的桑葚酒逐渐打开了市场，企业正常运转起来。桑葚酒的销售虽然打开了一定的局面，但是想进一步扩大销售，实现进阶发展又遇到了诸多难题。一是基于社会关系的价值创造必然面临关系效应递减，在销售中就体现为虽然销售渠道众多，但是渠道的效率普遍不高。石径发现，处于社群之中的消费者普遍基于关系驱动，消费频率不高，加之关系的驱动力逐级递减的特性，桑葚酒的单渠道销量很难稳定下来。二是社群营销想要做大，要基于大量活跃的代理存在，然而，农产品代理的利润往往不高，很难支撑。三是康润珍果的桑葚酒仅拿到了地方认证，无法进行跨区域销售，仅靠本地销售或社群营销是难以让企业发展壮大的。

很明显，前面两个问题短时间内靠自身力量难以解决，于是石径把企业进阶发展的第一步放在了酒类产品质量等级认证上，想通过打造特色来争取更多的渠道。天道酬勤，很快，康润珍果成为当地第一批拿到认证的特色农产品生产企业之一。然而，让石径没有想到的是，拿到认证仅仅解决了门槛问题，销量并没有太大的起色，谋求进阶发展之前的基础工作远比他想象得要多。

眼看微商遇到瓶颈，石径又一次绞尽脑汁地开始拓展桑葚酒的销路，在产品组合的深度上下了很大功夫。为了满足不同的客户需求，他不仅开发了不同的包装，在达到吸引人眼球作用的同时，又通过生产一些其他桑葚类的小食来为桑葚酒引流，增加产品的多元化，还积极参加各种展会、活动，借助地方政府助农政策增加产品曝光率，从而让更多人了解品牌。

一番努力下来，桑葚酒的销售仍然不见多少起色，但关于企业的升级投入却只增不减。一方面是销售瓶颈，达不到稳定增长，另一方面是投入与产出的不对等，石径和他的康润珍果一时陷入了两难的处境。想做大找不到突破口，无能为力，安于现状却又不甘平凡，这时候的农村电商之路对于石径来说再也没有坦途了，其面前是一条小规模企业艰难维持的生存之道，石径一手创建起来的事业变得进退两难。

山重水复疑无路，柳暗花明又一村。随着文旅融合型乡村旅游精准扶贫模式在农村的发展日益成熟，陇南仰仗得天独厚的旅游和人文资源优势，积极加快文化旅游融合发展的步伐。甘肃省也在推动“丝绸之路经济带”甘肃段旅游大景区建设和华夏文明传承创新区建设，依托绿色生态、历史文化、民俗风情、红色文化四大旅游资源，整合各类文化旅游资源，重点培育精品线路，全力打造陕甘川毗邻地区生态休闲度假与历史文化观光旅游目的地，文化旅游产业发展渐入佳境。

【参考阅读】

“十三五”期间，甘肃省公共文化服务体系建设不断完善。新改扩建图书馆30个、文化馆17个、乡镇综合文化站638个，99%的行政村、92%的社区建成了综合性文化服务中心，形成五级公共文化设施网络体系。全省公共图书馆年流通907万人次，超出预期目标9个百分点。全省列入全国博物馆名录的博物馆增至227个，居全国第九位，国家三级以上博物馆增至36个。新推出或改造提升陈列展览近百个，开展社会教育活动4000余次、“四进”活动近万次，年均接待观众量超3000万人次。文化旅游产业发展基础不断夯实，累计接待游客13.2亿人次，实现旅游收入8995亿元，分别是“十二五”时期的2.5倍和2.8倍。创立文化旅游发展专项资金。5A级旅游景区达到6个，4A级旅游景区达到107个，A级旅游景区达到358个，星级饭店384家，旅行社780家，娱乐场所1545家，新改建旅游厕所7400多座。张掖市成功创建全国旅游标准化示范城市，敦煌市、嘉峪关市、崆峒区创建为国家全域旅游示范区，成功打造玉门市等一批省级全域旅游示范区，建成中医药养生保健产业园22个。融入“一带一路”建设效果显著。着力打造“一带一路”文化制高点，借助丝绸之路（敦煌）国际文化博览会、敦煌行·丝绸之路国际旅游节（以下简称“一会一节”）等国际性节会平台，积极参与“一带一路”建设的文化交流与旅游推广，积极参与和承接国家重大对外交流项目。持续开展“欢乐春节”“美丽中国”等品牌活动，5年全省实施对外和对港澳台文化交流合作项目481起，参与人员达到4138人次，入境游人次和旅游外汇收入同比增长13.8%和50.4%，年均增长38%和43%。

【资料来源：甘肃省“十四五”文化和旅游发展规划.】

回乡创业后，石径一直感受着家乡的巨变，同时，他又有了一些桑葚酒营销引流的新点子。“能否以桑树园为基础，在美丽乡村、文旅融合上做做文章呢?”石径多次与周围的朋友们讨论并逐渐开始布局：与周边农产品生产商或者当地旅游景点建立合作关系，共同捆绑推广，互惠互利；创办以桑葚园体验采摘和购物的一条龙产业，达到从游客到顾客的成功转换；与当地政府联合举办大型主题活动、节日庆典等，增加企业的曝光率，被更多人熟知……还有更多的思路等着他去挖掘。在不断地学习中成长，在尝试中突破，终有一天，石径会迎来事业的真正转机。

五、展望未来

回顾石径的电商之路，从依赖电商到线下解困，我们发现石径的创业思路与众多电商创业人有所不同，他是较早加入农村电商的创业者，本可以跟着电商的浪潮随波而行，但是在众人都忙着筹划电商2.0的升级版本时，石径却主动从农村电商的光环之下悄悄回归了文旅引流、主营线下的道路。他不是轻易放弃了电商平台，而是每一步都是实践和超越自我的印记。回归线下也是主动适应市场的变化，印证了物竞天择、适者生存的自然定律。

这个真实的故事让我们深刻领悟到，电商平台的成功并非仅靠大胆的激情或盲目的投入即可实现。电商平台的发展成功离不开诸多因素：有完备的生产链，有质量过关的产品，有成熟的购物平台，有精准的广告宣传，有稳定的销售链或团队，有丰富的客服经验，有后顾无忧的售后保障，还有充裕的资金支撑……这些条件共同形成了一个良好的电商产品，构筑了积极运营的电商企业。然而，在西部一个欠发达区域，想要推广本土农产品被全国认知，依然任重道远。

虽然石径不断地调整着思路，在电商征途上奋力前行，但只靠自己内心激荡的热情、吃苦耐劳的精神以及政府政策的支持，还是远远不够的。一种商业模式的成功，不但要选准行业和时机，也要研究市场需求是否旺盛，盈利模式和核心竞争力是否可持续。这使我们不禁要思考农村电商与地方农产品生产之间的关系演进逻辑，是倒逼还是倒退，是“一电就灵”还是“返璞归真”？在电商的光环之下，地方特色农产品生产要走向何方？普通创业者到底有没有可能依托自身能力将农产品推上电商平台，创造市场效应，这些问题依然亟待探讨。

人物

石径，男，汉族，中共党员，毕业于兰州交通大学，国家二级酿酒师，韵达快递成县公司负责人，成县康润珍果酒业有限公司经理，成县店村镇折庄村党支部书记。首届“感动成县”十大人物，成县“脱贫攻坚”先进致富带头人。陇南市电商扶贫讲师大赛特等奖、“陇南市青年五四奖章”获得者，其所酿造的桑葚酒荣获第十二届甘肃农业博览会“特色佳酿”奖。

媒体报道

石径不仅赚到了钱，桑葚酒也在展会上获得“特色佳酿”殊荣。截至目前，桑葚酒已售出10万瓶，销售额达800万元，带动129户农户种植桑树516亩，助农增收240万元。桑葚基地也被评为“青年创新创业示范基地”，吸引着大学生前来学习酿酒和电商营销知识。2022年8月，石径被店村镇折庄村推选为党支部书记，带领村民开拓农文旅融合发展之路。“我希望有更多的年轻人投入乡村振兴的事业中，农村天地广阔，大有可为。”石径感慨地说。

【资料来源：青春在乡村沃土绽放，新华网（news. cn）.】

案例 3

“陇上市弘”——从微商到自媒体*

如春风徐徐，互联网时代悄然来临，悄无声息却势不可挡。互联网已深刻渗透到人们生产、生活的各个方面。电子商务如被春雨滋润般欣欣向荣，信息交互更是风驰电掣，线上交易自然如火如荼。这一切的成果与收获，离不开许多人日日夜夜的辛勤努力。

近年来，“流量”成为互联网江湖中的“屠龙刀”，各路英雄豪杰为争夺这一宝物而纷纷加入，争得面红耳赤。网红文化崛起，如燎原之火，瞬间点燃了网络的每个角落，引来无数精英和高手，他们为了“流量”不惜一切，竞相使出浑身解数。各种综艺艺人、明星、影星也加入直播带货大军，年带货量动辄过亿元，高者甚至达

---

* 本案例由管新帅、罗一鸣撰写，作者拥有著作权中的署名权、修改权、改编权；本案例的撰写及发表已取得相关企业及案例当事人授权；由于企业保密的要求，在本案例中对有关名称、数据等做了必要的处理；本案例仅是关于企业发展历程的描述与讨论，并无意暗示或说明某种管理行为是否有效。

几十亿元，更将这场争斗推向了高潮，互联网江湖愈发热闹喧嚣。

当然，也有一些人虽然置身其中，却也能泰然处之，守正创新，乐得其所，用自己的方式谱写着别样的篇章。西和县的刘许霞便是其中的一位。她深知，互联网世界更新迭代迅猛，只有保持创新，才能不被时代抛弃。因此，她不断勇敢地踏出舒适区，探索新的领域，不断尝试突破自己的边界。

一、返乡的脚印

清澈的漾水河河水，沿着伏羲大道，从陇南市西和县县城流过，日夜不息，连绵不绝，这便是刘许霞出生的地方。

西和县历史悠久，充满了浓厚的民俗文化。作为伏羲的诞生地和仇池国的发源地，西和县具有深厚的历史底蕴。古籍《路史》记载：“伏羲生于仇夷，长于成纪。”古老的文化遗址遍布西汉水和漾水河流域，包括仰韶文化、马家窑文化和齐家文化等。其中，长道镇宁家庄遗址已有七千多年的历史，是陇南地区最早开发的地区之一。北部河谷则是秦王朝的发源地，南部高山地带崛起了氐羌民族。在三国时期，诸葛孔明北伐时曾多次经过这片土地。魏晋时期，杨氏氐羌在此建立了政权，称为“仇池国”，历经四百余年的辉煌历史。

【参考阅读】

西和县位于甘肃省东南部、陇南市北端，地处长江流域西汉水上游。其辖区包括16个镇、4个乡、384个行政村、10个社区居委会，总人口44.3万人，其中农业人口34.8万人。总面积1858平方公里，耕地面积87万亩。境内平均海拔1692米，年平均气温8.4℃，无霜期183天，降水量为533毫米。这里自然资源富集，是甘肃最适宜马铃薯生长的地区之一，名副其实的“半夏之乡”。

此外，西和县还拥有358种489味中药材，特产旱半夏在国内市场占据了超过60%的份额；森林覆盖率高达38.6%。这片土地生长着1000多种树，涵盖了亚热带、温带和寒带植被；矿产资源也非常丰富，铅、锌、锑、铜、金等矿藏丰富，西和县西部的铅锌矿区位列全国第二，崖湾锑矿为全国第三大锑矿，还有可观的黄金储量。探明铅锌保有金属量90万吨、锑金属保有量2.7万吨，黄金保有金属量约125.6吨。这里因其独特的地理位置、气候特征和资源富集，被著名地质学家李四光先生称为“复杂的宝贝地带”。

县域内有5处省级文物保护单位，拥有众多旅游景区，如云华山、八峰崖和仇池山，其中，晚霞湖更是被评为国家AAAA级旅游景区。此外，西和县以“乞巧之乡”而声名远扬。经过千年的传承，“陇南乞巧”已经成为一项集信仰、诗词、音乐、工艺和劳动技能于一体的节日民俗文化活动，融入了近20个乡镇、300多个村，每年吸引了50多万人参与。

“陇南乞巧”因持续时间之长、参与女性之多、传承之久远、唱词之淳朴、歌舞之精彩、情感之真挚、程式之完整，在全国绝无仅有，被誉为中国古代乞巧风俗的“活化石”，是名副其实的“中国女儿节”。

【资料来源：西和县政府网站.】

2013 年，大学毕业的刘许霞选择了留在城市发展，雄心勃勃的她想在这里干一番事业。从最开始的人事客服到后来的教师，一路走来，一切好像都在朝她理想的城市生活前进，唯一的苦恼就是她自己在外，父母在家，聚少离多。日月如梭，团聚的时光总是让人觉得太过短暂，难能可贵。

2017 年，刘许霞回家过年，她品尝着自己家乡的土蜂蜜，凝视着父母渐渐斑白的发丝、蹒跚的步伐。就在那一瞬间，突然感觉那天的蜂蜜格外香甜，于是她随手发出了一条朋友圈。令她没想到是，朋友圈刚发出几分钟就有很多远方的老同学和同事纷纷回应，这些图文仿佛传递着乡愁的味道，让人忍不住向往，朋友们纷纷请求她寄些蜂蜜给他们。

春节过后，刘许霞返回了工作的城市，并给同事们带去了西和粉条。大家围坐在一起，品味着粉条的香滑，享受着土蜂蜜的馥郁，愉快地交谈着。在这样的欢聚中，大家都不禁产生了一个共同的愿望：如果这些美味的特产也能在网上买到该有多好。

于是，有人提议让刘许霞通过微商在网上销售西和土蜂蜜和粉条，刘许霞也是说干就干，立马搞起了微商。刘许霞从来没有想过，一条再寻常不过的微信朋友圈会成为她返乡创业的起点。

随着微商销售量的逐渐攀升，刘许霞开始构想更大的蓝图：将更多家乡的瑰宝推向全国各地。于是，2018 年，她作出了回归家乡的决定。这不再是简单的销售，更是一个情感的回归，是想为家乡特产赋予更广阔的市场，也是她内心深处对家乡情怀的慰藉。

二、从微商转战平台电商

（一）思考与转型

回到家乡之后，刘许霞便开始全身心地投入特色农产品微商业务。为了更好地筛选产品，她不仅听取了亲朋好友的建议，还尝试通过搜索引擎和电商平台，输入家乡名称和农产品关键词，深入了解西和的独特农产品以及供应商和销售渠道。同时，她查找了西和县的旅游资讯和农产品展会信息，还多次面对面地与当地的农产品合作社及农民专业合作社取得联系，与农民直接交流，深入了解他们种植的农产品和销售情况。

刘许霞认为“酒香也怕巷子深”，在初期的选品阶段，她力求选择一些声望较高的产品。这样做一方面是因为这些产品已经获得部分市场的认可，形成了相对成熟的供应链，从而降低了营销成本；另一方面，这些产品也能够为她的创业之路增添一份信心。

一番努力下来，微商业务的商品种类迅速丰富起来。然而，随之而来的挑战是渠道问题。

在刘许霞看来，微商业务确实具有一定优势：一是微商的创业成本较低，只需一台计算机或手机、网络以及一些基本的营销技巧，就能开始经营。二是微商具备高度的灵活性和自由度，创业者能够自由选择经营的产品和销售渠道，以满足市场需求和个人兴趣的变化。三是微商能够实现直接沟通，提供个性化的服务，建立紧密的客户关系。

然而，微商市场竞争激烈，局限性日益突出：一是同类产品竞争对手众多，推广和销售需要投入更多时间和精力。二是销售依赖个人口碑和信任，缺乏稳定的渠道支持。三是产品质量和售后服务可能存在问题，处理客户投诉和问题需要额外的时间和精力。更重要的是，微商需要管理产品、处理订单、推广和销售，对个人时间和精力的要求较高。

与微商不同，平台电商具有独特的特点。虽然进入平台电商可能会面临一些平台的销售限制和更高的产品要求，但通常拥有庞大的用户群体，能够借助平台流量进行销售和推广，提高产品的曝光度和销售机会。此外，平台电商提供了便捷的销售渠道，创业者只需注册账号并上传产品信息，即可在平台上销售，无须自己搭建和管理网店。平台电商还提供多种功能和服务，如支付、物流、售后等，可以帮助创业者简化经营流程，提高销售效率。

在充分权衡之后，刘许霞果断作出了决定，选择将业务从微商转向平台电商，期望能降低运营成本，扩大销售渠道。于是，2018年4月，刘许霞的网商正式进驻西和县电商平台。

【参考阅读】

多年以来，西和县结合县情，因地制宜地提出了聚焦本地化主体培育的电商发展“雨林模式”。“雨林模式”中的“雨”指的是外部环境，包括县域电商发展的政策环境和可以链接的外部资源。政策主要有国家电子商务进农村综合示范县项目、陇南市对各区县电商发展的总体引导与扶持等；外部资源包括政策性网红直播带货、社区团购的爆发式成长等因素。“林”指的是本地电商主体，主要是指县域内的电商干部、龙头企业、合作社、创业者和本地网红，也包括县域电商发展的招商对象和服务企业。

2016年，西和县通过实施电商发展“千人计划”，以建档立卡贫困户中未就业的大学生为主要对象，对从事电商创业的未就业大学生、退伍军人、返乡社会青年、“两后生”等创业者，按照每人每月600元的补助标准，给予补助和支持。截至目前，“千人计划”已累计发放补助超过2000人次，“千人计划”成员开设网店227家，累计实现销售额3126万元，间接带动就业318人。2018年，依托国家电子商务进农村综合示范项目，西和县狠抓主体培育，主要聚焦四类人群：电商干部、龙头企业、合作社、创业者和网红。

为了进一步破解农村电商发展的物流瓶颈，西和县通过机构改革，由县电商中心主任兼任县邮政业发展中心主任，有效地实现了物流整合和提速降费。按照陇南市的要求，建立陇南电商同城配送平台西和运营端，有效实现了双向引流，打通了西和与陇南各区县的消费内循环。西和县还成立了电商同城配送工作领导小组，制定印发了3个支持陇南电商同城配送的文件，落实奖励扶持资金200万元，建成了陇南电商平台西和端运营中心，并配备公益岗位工作人员3名。通过政府为产品背书，将陇南电商平台加挂到西和发布，动员机关企事业单位通过平台集采、发放代金券、秒杀锅盔和线下地推等各种方式，大力宣传推广陇南电商平台，注册人数共2.4万余人。截至2020年底，陇南电商平台西和端上架产品207款，销售额达2000余万元。

【资料来源：一个西部贫困县的电商创新突破实践探索——西和县电商发展“雨林模式”解读，中国农科新闻网（nkb.com.cn）.】

（二）运营与瓶颈

入驻电商平台之后，便进入了运营阶段。通过不断总结与探索，刘许霞很快就总结出了一套关于平台电商运营的个人经验，并对日常运营工作进行了分解。

她认为，平台电商的运营主要包括五个关键部分。一是产品选择与供应链管理，即筛选适宜的产品以供销售，并建立稳固的供应链合作关系，确保产品质量和供货的及时性。二是店铺设计和产品上架，她用心设计了店铺的页面布局与风格，以准确的方式将产品信息上传至平台，包括产品图像、详细描述及价格等。三是销售推广与营销活动，即运用平台提供的推广工具和渠道，开展销售推广与营销活动，吸引潜在客户，提升产品曝光度与销售量。四是订单管理与物流配送，即妥善处理客户订单，安排物流配送，确保订单准确送达并提高客户满意度。五是售后服务与客户关系管理，即致力于提供优质的售后服务，及时解决客户问题与投诉，培养良好的客户关系，增进客户忠诚度和复购率。

平台运营似乎有条不紊地在推进，然而一切却并不像刘许霞想象的那样简单。她发现，入驻平台电商之后，销售额并没有明显提升。分析原因，刘许霞发现问题主要还是出在了营销方面。虽然平台的流量提高了产品的曝光度和销售机会，但是并没有很好地转化为销售成果，原本借助电商平台拓宽销售渠道的愿望遭遇了挫折，做微商时面临的困境并未摆脱。

刘许霞不得不迫切寻求新的尝试与突破口。她所面临的并非单纯的销售问题，还有如何将资源与市场需求相匹配，如何用智慧唤起消费者的购买欲望，取得更多消费者的信任，从而扩大销量的挑战。

（三）品牌与竞争

在平台运营中，刘许霞渐渐发现，平台上虽然流量可观，但是顾客主要分为两类。一类是那些已经有固定产品选择的顾客，他们往往拥有明确的消费偏好，平台对他们来说只是一种产品交易的工具或手段；而另一类则是当前流量的主要转化对象。然而，第二类顾客在购买时常常借助品牌声誉、口碑等信息进行选择，这使像刘许霞一样的新入局者往往很难打开局面。“那时候我就想，创建一个自己的品牌也许是解决问题的一个好方法。”刘许霞说道。

一番思考下来，刘许霞认为，创建品牌对于农产品电商来说至少可以有五个方面的益处。一是增加竞争力。农产品电商市场竞争激烈，创建品牌可以帮助农产品电商与其他竞争对手区分开来，提升自身的竞争力。二是增加信任度。农产品电商存在信任度低的问题，创建品牌可以建立起良好的品牌形象和信誉，提高消费者对产品质量和服务的信任度。三是增加产品溢价能力。品牌的建立可以提高农产品的知名度和美誉度，使消费者更愿意购买该品牌的产品，从而提高产品的溢价能力。四是提供差异化竞争优势。通过品牌的建立，农产品电商可以强调自身产品的独特性和特色，与其他同类产品形成差异化竞争优势。五是建立忠诚度和口碑。通过品牌的建立，农产品电商可以与消费者建立起长期的关系，提高客户的忠诚度和复购率，并形成良好的口碑传播效应。

于是，2019 年，刘许霞萌生了创立自己品牌“巾泓”的念头。其中，“巾”字代表潇洒、大气和包容，“泓”字本意是水深而广，引申意为高远、纯净的内涵，“巾泓”这个名字象征胸怀博大、乐观豁达。刘许霞解释道：“‘巾泓’两字连起来寓意高远、纯净如水，蕴含宽广的胸怀和包容，透露出辽阔的事业前景。”

有了自己的品牌，刘许霞更加专注于产品。她申请了食品经营许可证，注册了“西和陇上巾泓土特产有限公司”，并推出了一系列新产品，如西和巾泓野生蒲公英茶等。同时，在品牌的影响下，刘许霞也开始尝试分销代理，针对渠道作出改进。创建品牌的当年，刘许霞依靠地方政府的支持，招募了1120名代理商，实现了145万元的销售业绩。从此，刘许霞的运营之路开始步入正轨，正像一曲悠扬的旋律回响在商业之林中。

三、紧跟直播带货

（一）赶潮

随着电商的不断发展，一场叫作“网红”的大潮悄然成形。网络红人，是指在现实或者网络生活中因为某个事件或者某个行为而被网民关注，从而走红的人或长期持续输出专业知识而走红的人。他们的走红皆是因为自身的某种特质在网络作用下被放大，从而进入网民视野并引发广泛瞩目。

【参考阅读】

中国网红文化的兴起与发展，是互联网时代下个体表达与群体认同之间微妙关系的缩影。自2005年以来，随着社交媒体平台的兴起与演进，从早期的优酷、土豆到微博、微信，再到如今的抖音（TikTok）和快手等直播与短视频平台，网红文化经历了从萌芽、发展到爆发的全过程。代表人物有罗永浩、李佳琦、董宇辉等，网红不仅是时代的产物，更是互联网民主化与个性化表达最直接的体现。他们通过内容创作和直播带货，建立了强大的个人品牌，影响了年轻人的消费习惯和生活方式，同时引领了新的经济模式——网红经济。

然而，网红文化的发展并非一帆风顺。内容的同质化、粉丝经济的泡沫以及网络监管的挑战，都在考验着这一文化现象的生命力和可持续性。反思网红文化，我们发现，在信息爆炸与注意力稀缺的时代，个体的价值不仅在于其所创造的内容本身，更在于如何以真诚和创新的方式与观众建立连接，以及如何在虚拟与现实之间找到平衡。如此，我们也变得更易理解。直播带货的兴起，不仅是一种商业模式的创新，更是互联网时代下，个体与集体、创造与消费、虚拟与现实之间互动关系的一次重构。

因此，网红文化的未来，既是对技术创新能力的挑战，也是对人性理解和社会责任感的考验。只有那些能够适应时代变化、不断创新，并且能够传递正能量的网红，才能在这个快速变化的时代中脱颖而出，成为真正意义上的时代“新贵”。这一切，都需要我们在快速发展的同时，保持一颗审视本质、追求真实和价值的心。

在甘肃，一大批网红也纷纷崛起，迅速成为流量的宠儿，他们来自各行各业，有的是美食博主，通过分享自己的烹饪技巧和美食体验，吸引了无数人的胃口；有的通过自制短剧，演绎生活中的小事，引起网友的共鸣；还有的是游戏主播，通过直播自己的游戏操作和解说，吸引了大批游戏迷的关注。当然，网红界鱼龙混杂，也出现了一些低俗网红，他们通过耸人听闻的言行激发网友的兴趣，虽然方式不够光彩，但也获得了可观的流量和收益。

面对网红的大潮，刘许霞心中不免产生诸多憧憬。“至少多了一条获取流量的途径，不妨一试。”刘许霞笑着说。但是刘许霞有自己的认知，她认为只有美好的事物才能在时光的长河中长存，引发共情，从而收获真正的粉丝。

在刘许霞心中，最美的永远是家乡的山山水水、一草一木。每每在社交媒体上看到一些美丽乡村的相关视频，刘许霞总是忍不住点赞收藏，也总是憧憬着把家乡的美景搬上时下流行的短视频平台。所以，在她销售的特色农产品中，总蕴含着家乡的风土人情，这不仅让消费者品尝了美味，还能让他们亲身感受产品的生长环境。为此，刘许霞注册了今日头条、抖音、快手、好看视频、火山、微博等平台账号，并统一将其命名为“陇上巾泓”。她的一举一动，如同山水画中的一笔一画，勾勒出一幅富有情感的图景。如此，她加入了这场网络红人的浪潮，为她钟爱的家乡发声。

（二）心得

万事开头难。虽然刘许霞心中有各种各样的美好场景，可是真正实现起来却万般艰难，视频的效果也不尽如人意。短视频的制作看似简单，其实隐藏着许多技术挑战，需要在有限的时间内捕捉观众的心，赢得足够的播放量。

从文案的构思到画面的设计，再到摄影的技法，都有着不低的门槛。刘许霞毅然踏出了第一步，以一个“一镜到底”的方式，发布了她的第一个平台短视频，虽然播放量只有个位数，但她总归是踏出了这关键的第一步。

“引起观众的不适确实要比让观众感受到美好容易得多”，面对结果，刘许霞苦笑道，“但我还是坚信，美好的东西总是会更长久，也更经得起文化的考量。”

之后的日子，刘许霞只要一有时间就反复观看那些高播放量的视频，总结经验，找共同点。一段时间下来，也有了些心得。

巾泓品牌创始人刘许霞

刘许霞认为高质量的视频至少应该包含以下几个方面的要素。一是创意和独特性。必须确保自己的视频在创意和内容上与众不同，能够吸引观众的关注。尝试从新的角度、情节或特效入手，勾起观众的好奇心。二是内容要精练而有趣。由于短视频的时长有限，必须确保内容言简意赅，能够在短时间内打动观众，同时，保持内容的趣味性和娱乐性，让观众觉得愉悦并愿意分享。三是要注重视觉吸引力。必须特别关注画面质量和构图，要运用适当的色彩和视觉效果来提升吸引力。为了提高视频的质量，还应投资一些基本的摄影和剪辑设备。四是社交媒体优化。要充分理解不同社交媒体平台的特性和用户偏好，根据平台特点进行内容优化，利用相关的标签、描述和标题提高搜索可见度，吸引更多观众。五是互动和分享。鼓励观众互动，例如点赞、评论和分享。回复观众的评论，与他们建立联系，提升粉丝的忠诚度。六是要定期发布和持续更新，保持观众的兴趣和参与度。根据观众的反馈和喜好，进行调整和改进，不断提升视频的质量和吸引力。七是尝试与其他短视频创作者或相关领域的人合作，进行互相宣传和推广，跨平台宣传也是可行之策，可扩大观众的范围。

付出总有回报。刘许霞着手学习一些入门级的视频剪辑软件，深入研究拍摄设备的特性，养成了在日常生活中采集素材的习惯。在不懈的努力下，她逐渐在“美丽乡村生活”主题上形成了独特的短视频风格。粉丝的数量持续增长，仅抖音平台，她便吸引了四万名粉丝。

四、助农增收

在粉丝的涓涓汇聚中，刘许霞在乡间逐渐赢得了声誉。邻里们如潮水般涌来，希望她能帮助制作一些短视频，以便更好地宣传自己的农产品。对于短视频和直播，她坚信：“短视频并非只靠设备与专业，更关键的是内容，是对美好生活的渴望，每个人皆可参与其中。”在度过闲暇时光的同时，刘许霞自发地为当地村民免费举办培训。她开心地笑着说：“授人以鱼不如授人以渔。将我总结的短视频经验与大家分享，一同推广家乡的山水，同时还能增加收入，何乐而不为呢？”

不仅如此，在运营模式上刘许霞也尝试与乡邻一起融合发展。尝试与西和县泓伯中药材农民合作社等一些合作社开展合作，采取了一条“合作社＋公司＋农户＋电商”的发展模式。

在刘许霞看来，首先，合作社可以整合农户的资源，包括土地、劳动力、农产品等，形成规模化生产和经营，这样可以提高生产效率，降低成本，增加农户的收入。而通过电商平台，合作社可以将农产品直接推向更广阔的市场。电商平台提供了全国甚至国际范围的销售渠道，可以帮助农户打破地理限制，实现更大的市场覆盖。

其次，合作社可以通过电商平台建立自己的品牌形象，提升产品的知名度和认可度，可以吸引更多消费者的关注和购买，增加销售额和利润。而电商平台提供了及时的信息对接和交流渠道，合作社可以与消费者、供应商、物流公司等进行快速、便捷的沟通。这有助于解决信息不对称问题，提高生产和销售的效率。

最后，通过电商平台，合作社可以减少中间环节和流通环节，降低交易成本。这样可以使农产品的价格更具竞争力，提高农户的收益。同时，电商平台可以提供农产品的溯源信息和质量保障体系，增加消费者对产品的信任和购买意愿。这对提高农产品的市场竞争力和附加值具有重要意义。

从微商到平台电商，从短视频直播再到“合作社＋公司＋农户＋电商”的发展模式，多年的坚持，刘许霞终于乘上了互联网的春风，并将之化为一场春雨，挥洒到了家乡的土地上，种出了希望之花。

截至2023年，仅抖音平台的短视频，刘许霞就收获了超过1500万的播放量，50余万条的点赞或收藏。然而，这春雨的力量也许远超我们的想象，对于刘许霞来说，未来需要总结的还有很多……

五、流量与未来

2023年7月，董宇辉、YoYo、明明、冯冯、杰西、七七等一大批网红齐聚甘肃，如流星划过夜空，为甘肃人民带来了一次流量的奇妙体验……

这场别开生面的甘肃行活动，得益于新东方创始人俞敏洪的引领，及六位“东方甄选”备受瞩目的主播。他们跋山涉水，跨越了兰州、武威、张掖、嘉峪关、酒泉等甘肃省五市十县区的21个景点，在短短5天的时间里，进行了超40小时的直播，书写了一段让甘肃焕发新光彩的“流量传奇”。

据不完全统计，截至 7 月 12 日，全网发布本次活动相关视频超 7550 个、播放量超 8.6 亿次，发布图文宣传稿件超 3200 篇，阅读量超 4500 万次。其中，“东方甄选看世界”抖音号和“东方甄选”App 在甘肃省直播总时长均达 40 余小时，在线观看累计超过 4604 万人次，民勤沙漠蜜瓜、定西洋芋、庆阳甘草杏肉等甘肃特产获得大卖。

甘肃省文旅厅紧密组织了新华网、中国甘肃网、新甘肃客户端、视听甘肃、奔流新闻、凤凰网等 111 家主流媒体和网络名人，将这场活动的一举一动进行了跟踪报道，将“东方甄选甘肃行”“跟着东方甄选看甘肃”等抖音话题推向高潮，发布的视频总数超过 2200 个，播放次数超过 3.1 亿次，先后 10 次登上了抖音的热榜。尤其值得一提的是，“微游甘肃”“如意甘肃”“智慧甘肃”等自媒体账号及时响应，发布了 218 条引人入胜的短视频，其播放量超过 3600 万次，其中的 19 个视频更是成为热点。甘肃省文旅厅相关处室负责人进行了长达 7 小时的直播，吸引了 248 万人次观看，带来了 5.7 万名新粉丝，总粉丝数量累计达到 162 万。

每一个数字似乎都是一串积极的讯息，传递着互联网的冲击和嬗变，在这场以流量为核心的活动中，我们看到了数字化时代的活力与魅力。然而，我们是否也应该思考数字背后的实质、流量背后的深义。流量经济的繁荣是否真正造福了每一个个体？流量带来的短暂光芒，是否会被时间的洪流冲刷？

人物

刘许霞，女，西和陇上巾泓土特产有限公司创始人，全国“青耘中国”乡村振兴青年优秀公益主播，陇南市电子商务协会电商研究员，西和县“青年五四奖章”获得者，电商妇联副主席，陇南市电子商务先进个人。2022 年入选“甘肃省网红主播人才库”，2023 年获得“西和县首批乡村振兴优秀乡土人才”荣誉称号。

媒体报道

“做农业，不累是假的，但一想到一切会越来越好，就会忘记辛苦，”刘许霞说，“自己没有从家乡走出去，希望蒲公英茶、蜂蜜、粉条及家乡的特产能代替我走向远方，同时希望家乡更多的人参与宣传家乡美景美食直播的浪潮里来，在新时代的发展里也能乘着时代的东风多一份收入，也希望更多人通过短视频认识西和，走进西和，爱上西和！”

【资料来源：《那山那水我代言》从一条朋友圈开始走上创业之路_刘许霞_西和_直播（www. sohu. com）.】

案例4

从电商到物联
——鸿泰农业的“甜蜜”事业*

蜂蜜，是大自然馈赠给我们的甘露，而刘鸿飞将它变成了商机的金钥匙。在这个充满机遇和挑战的时代，他抓住了互联网的助推力量，致力于“甜蜜”事业。他不仅是蜂蜜的生产者，也是连接农民与市场的桥梁，他用互联网的力量将陇南的蜂蜜推向了更广阔的市场，让更多人能够品味到这份天然的馈赠。

在刘鸿飞的影响下，他身边越来越多的人加入陇南的蜂蜜产业中，用智慧和汗水，诠释着他们对理想的执着追求。他们充分利用互联网平台，拓宽销售渠道，提升产品质量，不断创新营销策略，

---

* 本案例由管新帅、罗一鸣撰写，作者拥有著作权中的署名权、修改权、改编权；本案例的撰写及发表已取得相关企业及案例当事人授权；由于企业保密的要求，在本案例中对有关名称、数据等做了必要的处理；本案例仅是关于企业发展历程的描述与讨论，并无意暗示或说明某种管理行为是否有效。

使陇南的蜂蜜产业在市场中脱颖而出，获得了良好的口碑和不错的业绩。正如陇南的蜂蜜一样，将人与人、人与大自然、人与世界互联，创造出一个更加甜蜜美好的未来。

理想对于大多数人来说，从来不是一个抽象的概念，而是一段与现实交织的奇妙旅程。人们怀抱着像星辰般璀璨的理想，追求着富足的生活和内心的满足。在这漫长的追求中，理想逐渐融入现实，绘就了一幅安居乐业的美好图景。陇南，这片古老而富饶的土地，见证了无数普通人实现理想的故事。

陇南不仅承载着丰富的历史文化遗产，也孕育着丰硕的果实。秦岭和黄河之间，绵延的山川和壮美的风光，孕育出了苹果、板栗、核桃等珍贵果实，以及宝贵的中药材、蜂蜜和手工艺品。随着电商的发展，这些特产借助互联网的力量得以传播到全国乃至全球，为陇南的经济发展带来了前所未有的机遇。

在电商的推动下，陇南的蜂蜜产业展现出了蓬勃的生机。规模不断扩大，产量和产值均实现了显著的增长，成为地区经济的重要支柱。这背后，就有像刘鸿飞这样的勇敢创业者。他们不懈努力，不仅见证了产业的发展，更是推动这一变革的主要力量。陇南的故事，是关于梦想与现实相遇的故事，是关于普通人通过坚持和创新，在平凡中创造神奇的故事。

一、“甜蜜”的机缘

（一）初识蜂蜜行业

刘鸿飞虽然家境贫寒，但他的心却像一颗未被打磨的宝石，一心向往艺术。中学时，他就展现出对篆刻、绘画的非凡天赋。他经常穿梭于巷陌之间，用手中的刻刀创造力量，谋取学费与生计。2009 年，他考入甘肃联合大学（现兰州文理学院）美术系。上大学时，他积极融入各类社团，成立了创意影像工作室，筑起创业梦想的基石。

2013 年毕业后，刘鸿飞回到家乡，成为一名教师。然而，他从未停止过观察与思考，并且不断实践着各种思考。2015 年，在涉足牡丹苗木项目的过程中，他意外发现，康县不仅有丰富的牡丹资源，还拥有众多中蜂养殖户。这些养蜂人掌握着品质出众的蜂蜜，然而他们却一直停留在传统的棒巢养殖方式上，自然分蜂，养殖管理不易，技术滞后，产量有限，市场缺乏统一的标准和品牌。有的蜂蜜放了十几年，还卖不出去。

刘鸿飞在调研中了解到，中蜂养殖与粮食不争地，用工省力，见效迅速，甚至还有助于农作物土质的改良。这些发现让他产生了跃跃欲试的念头。

信念如同一颗种子，在各种思绪的滋润下，逐渐生根发芽。刘鸿飞明白，要想让这片被时间凝固的土地重新焕发生机，首先需要构建一个联合的平台，形成规模优势。于是，他构思成立蜂业协会。农产品行业协会是连接企业与从业者的桥梁，可为整个行业构建一个稳固的基石，这种有效的组织形式为行业内的企业和从业者带来多重好处。

首先，蜂业协会可以代表行业内的企业和从业者维护行业的合法权益，促进行业的健康发展。其次，蜂业协会可以组织制定行业标准和规范，提高行业的整体形象和信誉度。再次，蜂业协会可以促进行业内的信息交流和合作，提高行业的技术水平和竞争力；可以协助政府加强对行业的监督和管理，促进行业的规范化和有序发展。最后，蜂业协会可以组织行业内的企业和从业者共同开展市场营销、品牌建设和创新研发等活动，推动行业的持续发展和壮大。

这一想法，让刘鸿飞的心跃动不已。刘鸿飞决定走遍各地，学习关于蜜蜂养殖的技术，为自己打开通往“甜蜜”的机缘之门。

（二）标准化之路

学习了蜜蜂养殖技能后，2016年初，刘鸿飞迈出了更为坚定的一步，牵头成立了康县蜂业协会，并组织编写了《秦巴山区中蜂养殖指南》，开启了康县蜜蜂标准化养殖的全新篇章。在蜜蜂养殖过程中，刘鸿飞按照一定的标准和规范进行管理和操作，以达到提高养殖效益、保障蜂产品质量和安全、降低环境污染等目的。

现在看来，蜜蜂养殖标准化的实施，对于促进康县蜂蜜行业的茁壮发展具有深远的影响。它不仅在当下降低了从业门槛，更在未来构筑了三个方面的美好前景。

首先，标准化养殖提升了蜂产品的品质与安全。通过规范的管理、科学的养殖、精细的经营，刘鸿飞的蜜蜂产品在品质与安全性上更胜一筹，深得消费者的信任。

其次，标准化养殖促进了蜂产品的市场化。当养殖与生产遵循标准的轨迹时，蜂产品也更贴合市场的需求，不仅附加值得以提升，市场竞争力也随之增强，从而更加促进了蜂产品的市场化和产业发展。

最后，标准化养殖有利于环保和可持续发展。科学化的养殖和管理，可以减少养殖过程中对环境的污染和破坏，实现可持续发展，为蜂产业的长期发展打下坚实的基础。

标准化的力量加速了康县蜂业协会的蓬勃壮大。会员从最初的数十人迅速发展到260余人，同时，会员收入也从最初的3000～5000元迅速增长到20000～40000元。

二、营销瓶颈

前进的脚步不曾停歇，2017年，刘鸿飞与一批康县未就业大学生和回乡创业青年共16人组建了创业团队，成立康县鸿泰农业开发有限责任公司，正式开启了他的创业历程。

早在2013年，陇南市就提出电商扶贫战略，并逐步探索出了电商扶贫的“陇南模式”，即网店带动、龙头企业带动、电商产业链就业带动、创业带动、电商入股带动和电商众筹带动模式。几年下来，陇南电商已经成为甘肃电商发展实践的一张名片，基础配套设施不断完善，商业环境逐步形成。

鸿泰农业厂区

截至 2018 年 8 月，陇南市已经累计创办 14602 个网店、9800 多家微店，参加电商培训的就有 25 万余人次，累计实现线上交易额 100 多亿元。同时，建成了市、县（9 个县级运营中心）、乡（187 个乡镇服务站）、村（882 个村级服务点）四级电商服务体系，加盟或创建了 32 个电商平台，建设了 296 家物流企业、1028 个快递网点，电商产业呈现蓬勃发展的势头。对于刘鸿飞而言，这是一个前所未有的产品营销新模式。

从电商营销团队的组建入手，2019 年初，他出资建设 300 多平方米的电商扶贫服务驿站，开办网红直播间，在各乡镇都建有电商学习交流群，筛选优质电商人才，利用本地网红和直播人员、外出务工人员和陪读妈妈等资源优势，创建了康县网红电商营销团队。8月，他又主导并购了甘肃陇来喜科技有限责任公司，进一步补齐技术短板。从打造平台到创建团队开始，仅仅11个月的时间，他带领团队实现了线上销售3万单，营业收入超过437万元的优异成绩。

然而，世事难料，一切并非刘鸿飞预期的那样顺风顺水。初期的业绩更多地依赖于巨额投资带来的规模效益，但随着资金投入的逐渐萎缩，规模效益所带来的盈利红利也就无法实现。尤其是随着制作视频、直播技术的快速发展，网络营销的门槛越来越低，行业竞争不断加剧。面对与日俱增的运营成本，刘鸿飞意识到，维持现有模式的网络营销，离“鸡肋”不远了。

当然，刘鸿飞遇到的问题也不是个案，具有一定的普遍性。其原因就在于，网络营销作为一种新的营销模式，其渠道连接的广泛性是其他传统渠道无法比拟的，同时它还兼备低成本和交互性强等优点，但也正因为如此，它的缺点也是非常明显的，主要集中于两个方面：一是门槛较低导致的竞争激烈，二是链接广泛导致的渠道精准度差。受二者综合影响，在现实中就造成了渠道效率非常低，进而导致运营成本不断攀升，利润却止步不前。

三、尝试“智慧农业”

（一）电商是否“一电就灵”

面对营销瓶颈，刘鸿飞苦心思索，决定先回归产品本身，再规划渠道布局，为公司形成真正的核心竞争力。他逐渐意识到，企业发展之所以难以取得突破性的进展，单纯的营销只是问题的一小部分，更深层次的原因在于蜂蜜产品本身存在两大制约因素：一是在行业层面，蜂蜜市场的竞争环境较为混乱，合成蜜、浓缩蜜、假冒伪劣产品泛滥，而价格普遍偏低，消费者很难分辨蜂蜜质量，这使真正优质的原产蜂蜜陷入了“劣币驱逐良币”的窘境；二是本地蜂蜜在养殖技术、市场营销、产业链配套等方面存在短板问题，急需大量投资来填补，而这些问题不可能在短时间内得以解决。

“工欲善其事，必先利其器”，电商作为媒介，本身并不足以解决根本问题，事实上，甚至可能加剧问题，由此可见，问题的本质仍在于产品和技术。深思熟虑之后，刘鸿飞决定带领团队走一条产业升级之路——涉足农业物联网，将技术与农业有机地结合起来。他意识到，要让康县蜂蜜在市场上脱颖而出，单纯地依赖传统的销售模式已经不行了。于是，他将目光投向了那片未被充分开发的土地，以寻求一条与众不同的道路。这不仅是企业的追求，更是一种对农业发展的独特探索，一种将农业与科技紧密结合的前瞻性尝试。

刘鸿飞试图在蜂蜜生产的每个环节都实现精细化管理，以提升蜂蜜的品质和安全性。他希望借助这一创新模式，将康县的特色产品推向更广阔的市场，让更多的人品味到这份纯净和美味。

（二）以产品固渠道

“农业物联网”，这个名词从农业技术的角度来看，它承载了现代科技的赋能，注入了传统农业的新活力。然而，从产业的演进角度来看，我们也可以称之为“智慧农业”。近年来，智能传感网、云计算、物联网等新技术实现了数据和信息的爆炸式增长，大数据时代正在悄然兴起。在这个背景下，智慧农业在世界范围内，尤其在发达国家快速发展，引领农业迈向智能化、精准化和定制化的 3.0 时代。智慧农业代表着现代农业发展的高级阶段，它标志着传统农业正逐渐迈向现代农业的全新篇章。这一过程可以分为计算机农业、数字农业、精确农业和智慧农业四个阶段，而物联网技术的应用则是智慧农业的亮点所在。

相比前三个阶段，智慧农业的突出优势在于物联网技术的应用。物联网以互联网为基础，通过将用户端延伸和扩展到任何物品与物品之间，使人与物、物与物相连，并进行信息交换和通信，从而实现智能化的远程控制和管理。

尽管我国的智慧农业起步较晚，但已初见成效。2010 年以来，国家批准了一批物联网试点项目，其中包括河南、陕西、北京、江苏等省市，涵盖了大田作物、设施农业、动物养殖、水产养殖等多个领域。在小麦等主要粮食作物的种植和养牛、养猪、养鸡等畜禽养殖领域，物联网技术的应用已经成为我国农业产业与国际接轨的重要途径。各地的物联网应用，使农业在生产管理、资源分配和效益提升等方面迈入了新的发展阶段。例如，上海市已经构建了农业物联网云平台，为政府监管部门和农业生产者提供了个性化的公共服务。新疆生产建设兵团在农业资源和生产管理方面也大规模应用了物联网技术，而青海省互助农业示范园区也在多个领域应用了物联网技术，实现了高原农业的新突破。

【参考阅读】

我国政府高度重视智慧农业发展，自2012年以来，历年的中央一号文件对智慧农业都有论述。2012年我国提出推进“精准农业”技术；2015年和2016年又提出在“智能农业”领域突破技术；2016年提出大力推进信息技术，包括“互联网+、物联网、云计算、大数据、遥感”；2017年至2019年连续三年提出加强“智慧农业”科技研发；特别是“十三五”规划以来，智慧农业成为现代化农业发展中的重要组成部分，多项政策文件中均提出要发展智慧农业及相关技术。2018年，《中共中央 国务院关于实施乡村振兴战略的意见》明确提出：“大力发展数字农业，实施智慧农业林业水利工程，推进物联网试验示范和遥感技术应用。”《乡村振兴战略规划（2018—2022年）》中强调，要大力发展数字农业，实施智慧农业工程和“互联网+”现代农业行动。2020年中央网信办、农业农村部等六部门印发《关于开展国家数字乡村试点工作的通知》，部署开展国家数字乡村试点工作。经过几年的发展，我国智慧农业正在从点的突破逐步转变成系统能力的提升，不断为农业农村发展注入活力，智慧农业建设工作取得了明显成效。

自2013年起，我国陆续在五省市开展物联网区域试验，启动了一系列农业物联网项目。2017年，开始实施数字农业试点项目，围绕数字农业创新中心、重要农产品全产业链大数据和数字农业试点县建设，中央累计投资11.5亿元，共计建设92个项目。通过这些项目的示范带动，物联网、大数据、人工智能等新一代信息技术在大田种植、设施园艺、畜禽养殖、水产养殖的在线监测、精准作业、数字化管理等方面得到了不同程度的应用，形成了426项节本增效农业物联网产品技术和应用模式。2019年，农业农村部等四部委联合印发《关于实施“互联网+”农产品出村进城工程的指导意见》，组织实施“互联网+”农产品出村进城工程，推动建立适应农产品网络销售的供应链体系、运营服务体系和支撑保障体系，组织开展农业电子商务“平台对接”专项行动等农产品产销对接专项活动。

【资料来源：宋洪远．智慧农业发展的状况、面临的问题及对策建议[J]．人民论坛·学术前沿，2020（24）：62－69.】

尽管陇南的农业物联网发展与发达地区的相比较为滞后，技术环境较差，但是刘鸿飞认为如果能够利用物联网技术，让消费者认领自己的蜂箱，并且可以实时关注蜂蜜生产，也许是一条解决行业发展掣肘、实现产业升级的可选路径。

说干就干，刘鸿飞带领团队投入大量时间和精力，对养蜂技术和设备进行深入研究，最终成功研发出了带有蜜蜂防逃装置的智慧蜂箱和西秦岭智慧农业管理系统、西秦岭智慧蜂业认养平台、西秦岭商城平台等多个系统，把传统的蜜蜂养殖升级为智慧养殖。智慧蜂箱的自动化数据采集不仅节约了大量人工，也减少了开蜂箱频率，保护了蜂箱内部的恒温管理环境，从而大幅提升了蜂蜜的产量。

同时，刘鸿飞在营销上也想出众筹认购的点子。众筹认购是一种集中力量办大事的方式，指的是通过互联网平台向大众募集资金，用于支持某个项目或产品的研发、生产、销售等活动。

【参考阅读】

众筹（Crowdfunding），是指面向大众筹集资金。现代意义上的众筹是互联网时代的产物，特指通过某个网络平台，以在线的方式从海量的支持者那里汇集资金，去支持完成一个项目。这是一种传统金融体系之外的替代性金融形式，其基本思想是通过互联网，汇集每个人相对较小的贡献来筹集大量资金。现代众筹实践起源于艺术类项目。全球首次众筹实践是1997年粉丝通过互联网为英国摇滚乐队马里利恩（Marillion）的唱片众筹获得6万美元。2003年10月，全球首家艺术类众筹平台ArtistShare成立。艺术家可以在这个平台发布项目，向大众筹集资金。比如，当歌手想要出唱片但得不到经纪公司的资助时，他可以通过该平台发布项目向粉丝筹集资金，粉丝通过平台给歌手以资金支持，众筹成功后歌手会给寄送个人唱片作为对粉丝的感谢。该平台利用互联网强大的传播和聚集能力，聚集人气并出资，取得了巨大成功。截至2016年3月7日，该平台众筹的艺术项目总共成就了10项格莱美奖得主和20个格莱美奖提名。

农业众筹，是通过互联网这个强有力的媒介，向大众筹资来帮助农业主体完成项目的一种新型农业融资发展方式。从静态角度看，一个完整的农业众筹必须包含以下四个方面的要素：农业众筹平台、农业众筹的对象，以及农业众筹的双方当事人——众筹的发起人和筹资人。笔者称之为农业众筹的构成要素，就是说缺少其一便不能成立农业众筹。从动态角度看，这些要素须按不同方法有机地组合起来，方能顺利完成众筹，笔者称这种组合的过程为农业众筹的运行模式。

【资料来源：张雅，孙晓辉．农业众筹的起源、特点与未来［J］．中国农业大学学报（社会科学版），2016，33（06）：96－105. DOI：10.13240/j.cnki.caujsse.2016.06.011.】

众筹认购的优点在于可以降低项目或产品的融资成本，同时可以扩大项目或产品的知名度和市场影响力。对于创业者和创新者来说，这是一种非常有价值的集资方式。

刘鸿飞将这种方式引入蜂蜜行业中。他在智能蜂箱里面安装了摄像头，并开发了小程序软件，用户可以通过注册会员，以定金的方式认领自己的蜂箱，通过小程序实时观察蜜蜂采蜜的情况，并最终获得认领蜂箱中的蜂蜜。同时，为了让消费者的体验感更强，刘鸿飞还想到了通过旅游引流的法子，围绕“智慧养蜂”开展一系列旅游体验活动。通过参加这些活动，消费者不仅可以近距离观察自己的蜂箱，也可以增强业余休闲体验感。“如此一来，产品的优势便与营销渠道精准地对应起来，养蜂产业的成本与风险大幅度降低了。”刘鸿飞自信地说。

四、展望未来

多年来，农村电商蓬勃发展，其销售渠道上的天然成本优势，为农村特色农产品的繁荣培育了肥沃的土壤。然而，低成本渠道的出现降低了市场“门槛”，也将特色农副产品置于更广泛的市场竞争之中。像刘鸿飞一样，越来越多的农村电商从业者开始注重产业升级，努力发挥技术优势，不断提升产品的竞争力。但技术要素以及其作用的发挥受多种环境因素的影响，存在更大的不确定性，门槛也提升到更高的水平。

党的二十大以来，乡村振兴开展得如火如荼，刘鸿飞和他的农业物联网已经顺利起航。未来是风雨还是彩虹，难以预知，但这些未知的挑战和机遇，如同一幅未被揭开的画卷，将在时光的涟漪中逐渐展开，伸向远方。

未来，刘鸿飞还将继续开拓思路，积极参与乡村振兴的伟大事业，为乡亲们燃起星星之火，而这些星火，必将在时间的长河中，照亮人们前行的道路，引领更多人勇敢前行，创造更多的可能性。

人物

刘鸿飞，男，汉族，中共党员，康县平洛镇人，现任康县鸿泰农业开发有限责任公司总经理、甘肃省农业技术协会理事、康县蜂业协会会长，带有蜜蜂防逃装置的智慧蜂箱发明人，先后获得“2018 年度电商扶贫英雄”“康县十大杰出青年”“最美蜂业科技带头人”“陇南市首届乡土人才”等荣誉称号。

媒体报道

刘鸿飞事业的发展是康县电商扶贫发展的缩影。近年来，康县立足县情实际，发挥绿水青山特产多的资源优势，聚力打品质牌、生态牌、绿色牌，多形式开展网店扶贫、创业扶贫、产业扶贫、入股扶贫等多种电商扶贫模式，有力有效助推了全县脱贫攻坚进程。

【资料来源：刘鸿飞和他的“甜蜜事业”. 甘肃经济网. 每日甘肃网(gsjb. com).】

案例5

设计赋能
——艺禾产品包装设计公司的乡土赞歌*

“好酒也怕巷子深”，互联网时代低成本的信息传输使今天的我们不再面临信息匮乏的窘境，而陷入了信息筛选的困惑。如何在产品与消费者之间建立高效的信息连接是很多商业的底层逻辑，因此，包装设计这一具有高辨识性的产品开始受到越来越多商家的关注。

具有创新精神和家乡情怀的年轻设计师徐涛敏锐地察觉到了农产品电商的短板，于是毫不犹豫地踏上了助农增收之路，为推动农产品的电商化发展贡献了自己的智慧和热情。徐涛以他灵动的设计理念，重塑了家乡农产品的形象，更以行动之光，点亮了家乡父老

---

* 本案例由管新帅、罗一鸣撰写，作者拥有著作权中的署名权、修改权、改编权；本案例的撰写及发表已取得相关企业及案例当事人授权；由于企业保密的要求，在本案例中对有关名称、数据等做了必要的处理；本案例仅是关于企业发展历程的描述与讨论，并无意暗示或说明某种管理行为是否有效。

的希望之灯；他的作品不仅为家乡农产品赋予了新的生命，更为家乡谱写了一曲动人的乡土赞歌。

作为甘肃电商的先行者，陇南市的电商之路始于 2013 年，中共陇南市委制定了“433”战略。在甘肃省委省政府的支持下，陇南市于 2014 年积极向国务院扶贫办提出请求，希望成为试点之一。2015 年，国务院扶贫办批准了陇南市的试点申请，使其正式成为全国开展电商扶贫试点的地区之一。

【参考阅读】

为了更加有力有效地指导“十三五”时期全市经济社会的发展，2013 年，陇南市提出“433”发展战略，其基本内涵包括“四个快速推进”“三个着力夯实”“三个集中突破”。

四个快速推进：一是脱贫攻坚要快速推进，在共享发展上迈出新步伐；二是生态文明要快速推进，在绿色发展上走出新路子；三是产业培育要快速推进，在创新发展上彰显新优势；四是城乡一体要快速推进，在协调发展上构建新格局。

三个着力夯实：一是着力夯实硬件基础，优先发展基础设施；二是着力夯实民生基础，统筹发展社会事业；三是着力夯实执政基础，促进社会和谐稳定。

三个集中突破：一是在电子商务上集中突破，拓宽“互联网 +”应用领域；二是在金融支撑上集中突破，提升经济发展保障能力；

三是在旅游开发上集中突破，引领非公经济快速发展。

在过去的十年里，陇南市持续关注农产品推广和销售难题，不断发展电子商务，探索并构建了农村电商的“陇南模式”。这一模式不仅开创了新观念，还架起了农户与市场之间的桥梁，为群众增收提供了新途径。陇南市为全省电商发展树立了标杆，为全国的电商发展提供了“陇南方案”。

进入新发展阶段后，陇南市不仅将电商视为推进乡村振兴的重要工具，还将其看作推动新兴数字产业蓬勃发展的实现途径，同时，也将电商作为促进零售业创新的必要条件，以及提升对外宣传效果的强有力手段。

进入新发展阶段之后，全市各级机构都致力于创新业态、提升服务质量、促进融合发展，赋予陇南的电商模式以新的内涵，力求推动电商高质量发展，提升市场竞争力。

陇南农产品电商成绩辉煌，但仍然存在农产品加工转化率不高、附加值偏低、资金不足、品牌设计培育不充分、电商技术人才短缺、科技水平不足以及产品开发不足等问题。这里，我们就讲述一个关于农产品包装设计的故事。

主人公叫徐涛，他带着自己的品牌设计梦，将自己的设计专业知识与电商实践相结合，为家乡农产品的品牌塑造和培育贡献了自己的力量。

一、一次关于家乡的设计

徐涛大学毕业后，心中一直怀着追求卓越设计的渴望，他决心以专业和勤奋铸就他钟爱的职业。于是，他背井离乡，先后在成都、西安、兰州等地追寻自己的梦想，每一个足迹都记录了他为梦想前行的艰辛。春去秋来，他从一个初出茅庐的实习生，逐步成长为一名富有经验和自己设计理念的专业设计师。

2013 年，徐涛的事业有了质的飞跃。一天，公司负责人告诉他，公司承接了一个革命历史纪念馆的设计实施工程项目，这是一个艰巨的任务，公司想让他作为设计师承担这项挑战。

艺禾包装设计公司创始人徐涛

当时，徐涛已经同时承担了多个项目，并且担任整个公司的设计总监，每天忙得不可开交，分身乏术，正当他想要拒绝的时候，却听见项目地点是他的家乡陇南武都，这个消息如同一颗石子投入宁静的湖面，瞬间使湖面泛起了涟漪，也使他心头荡漾出阵阵波澜。那份乡愁，像是瞬间滋生，仿佛只有马上回到故土才能安抚他澎湃的心。

想到能为家乡的建设贡献一份力量，他毫不犹豫地接受了这个挑战。于是，马上收拾行囊，立刻回家。尽管工作还没有开展，可眼前熟悉的一切让徐涛感受到从未有过的亲切。家乡的大山让他感受到了厚实的安全感，流动的溪水给了他新鲜的血液。

他在武都组建了项目团队，工程逐渐拉开了序幕，一切工作有序展开，但是规划设计的任务远比想象的要烦琐，特别是一个涉及历史、政治、文化、民俗等多重因素的规划项目。参与编撰陈列大纲、高效沟通多个部门、深入研究历史事件、烦琐的细节把控等，所有这些工作都是一项巨大的挑战。“古立大志者，不惟有超世之才，亦必有坚忍不拔之志。”想要成功的信念一旦在心中产生了作用，就如一声春雷唤醒了沉睡的大地。

徐涛要通过自己的设计，唤起历史的光芒，使其重新散发活力，产生新的生命力，让每一个走过展馆的参观者，都心生敬仰和感动。

整个项目建设了两年才投入使用，最后呈现给大家的每一个设计环节都凝聚了徐涛对家乡的热爱，实现他对家乡的承诺。

【参考阅读】

武都区是陇南市唯一的市辖区，位于甘肃省东南部，地处秦岭与岷山之间，是甘肃、陕西、四川三省的交通要道，长江支流白龙江从武都城区流过，素有“陇上江南”和“植物大观园”之称。

武都革命历史纪念馆位于武都区长江大道以北、武都深圳中学西面的钟楼公园内，是甘肃省爱国主义教育基地。纪念馆占地面积 32 亩，主体建筑结构两层，馆舍面积 1560 平方米，总投资约 2300 万元，于 2015 年元月落成并免费对外开放。展馆建筑以秦汉风格为特色，与钟楼公园浑然一体。纪念馆的展览以革命历史事件为序，分为新民主主义革命、社会主义改造和建设、拨乱反正和改革开放、区（县）领导人名录四个板块。展出内容以图片、图表、油画、沙盘、革命文物、微缩场景为主体，以展板、灯光、投影、触摸屏等多媒体为手段，客观、真实地再现了武都各个革命历史时期的总体情况。

【资料来源：武都革命历史纪念馆，甘肃省红色纪念馆（gsds. gov. cn).】

二、留下的决定

项目完成后，徐涛既欣慰又依依不舍，离开前，他再次漫步在家乡的蓝天下，感受着对这片土地的眷恋。偶然间，他走到了在武都钟楼公园举办的花椒节展会上，其中的电商展区引起了他浓厚的兴趣。

他仔细地观看了每一个展板，审视着摆放的各种产品，当他看到那些优质的家乡农产品被粗糙的包装所包裹时，心情变得异常复杂。作为专业设计师，看到这样优质的农产品却没有一个能够体现其价值的精美包装，只能被廉价出售时他郁闷不已。作为一个土生土长的陇南人，他突然感到很难受，他的家乡虽然美好，却未被发掘，其商业价值更是被完全掩盖。一种强烈的使命感突然从心底升起，为了家乡，他要留下来！那个时刻，徐涛知道自己必须做些什么，必须为家乡的农产品赋予更多的商业价值，使其在市场上脱颖而出。

尽管这意味着他必须放弃曾经的工作，舍弃积累了多年的资源和人脉，但他依然选择回归故土创业，直面未知的挑战和困难。他知道这是一条前途未卜的路，宛如在黑暗中摸索前行，一切都要从零开始。然而他满怀希望，坚信这是一个新的商机。家乡小县城对包装的设计需求刚刚初露端倪，对于这个小地方而言，设计行业还是一片未被开发的蓝海。虽然如今设计行业的门槛不高，但一线城市的设计理念对于这里来讲具有较大优势，或许在这里，他可以开启电商快车的新篇章，通过将一线城市的设计理念融入小县城的包装设计，找到一条不同的发展道路。因此，他毅然决定留在这里，开创自己的设计事业。

【参考阅读】

长期以来，受制于理念与技术，农特产品的创意、包装设计一直都是其销售提质增效的短板。在湖南，一次偶然参加湘西精准扶贫会的机会，王佩之开启了他的“扶贫之路”。在湘西，王佩之尝到了味道鲜美的腊尔山萝卜，他发现腊尔山的萝卜虽然是有机的，而且脆甜多汁，却因交通不便没有好销路，无法获得收益。作为土生土长的湘西人，王佩之看着日益堆积的农产品渐渐腐烂而被丢弃，当地人一边过着贫困的生活一边又制造着大量浪费，对此，家乡人无力改变。在湘西进行充分的调研后，他结合自身所学、回来请教农大的各类农业专家，提出要想提升农产品价值，必须要做“农创”，也就是发展创意农业。通过创意和设计，再考虑园艺产品的保鲜问题，充分挖掘文化力量，提升当地农产品的销量，改变乡村贫困落后面貌，以便帮助当地农民脱贫致富。

为了保证产品的质量和扶贫的真正落地，王佩之带团队去湘西进行实地考察。来到湘西凤凰腊尔山后，他发现当地居民种植了大片烟叶，而土壤中长年种植同一种作物，会使土壤质量下降，影响其他作物生长。在实地检测了土壤土质后，王佩之开始思考这片土地适宜种什么，该如何改善土质。王佩之认为农村面临的最大的困难就是快速销售问题。结合自身服务多家牛奶企业的经验，他建议将当地的烟叶田先改种两年黄豆。同时，他开始策划植物蛋白的概念，提议之前他服务的多家牛奶企业开发早餐豆奶产品线（即调整一部分动物蛋白生产线转型到生产植物蛋白），将种植的非转基因黄豆卖给各个奶业公司加工成豆奶进行销售。这样，农民种植黄豆有了销路，每天的销量一般在8吨至10吨之间。这一操作既改善了当地的土壤问题，也解决了农民种植的农产品难销售的问题，带动了当地的经济发展。

土壤问题解决后，回到腊尔山的王佩之又想该怎么做好包装设计，使腊尔山萝卜显得更具特色。无意间，他发现当地很多农民都会将稻草编成小巧精美的篮筐以备不时之需，于是他想起自己儿时编稻草的经历，找到了一种类似非遗的稻草编织方式，提出将萝卜和非遗编制稻草进行“跨界结合”，再贴上精美的标签。就这样，一个极具地方风味的包装加上腊尔山本身脆甜多汁的有机萝卜，凤凰腊尔山的白萝卜走出了偏僻的山区，来到了 2017 年中国中部农博会，它一亮相，瞬间成为本届农博会上的“网红”产品。凤凰县老县委书记陈久经亲自在农博会现场编织非遗稻草包装，推销腊尔山的萝卜，为腊尔山有机品牌代言。

【资料来源：设计人物王佩之：“文化创意包装设计　走出精准扶贫新路子”，qq. com.】

三、用利润换理念

留在家乡后，徐涛怀揣着对电商的美好憧憬，立志要打造一条自有电商产业链，从产品研发、品牌策划，到外包装设计以及销售渠道的建设，最后构建一体化的商业生态。首先，他深入了解当地环境，亲自指导那些渴望涉足电商的贫困户，耐心地引导他们开设网店，从选品到货源的寻找，从商品拍摄到售后服务，他都手把手地教，直到他们能够独立运营。其次，将这套模式扩展至带贫企业和合作社，为企业免费搭建网店并进行培训，最后搭建起一个运营平台。

后来，他成立了陇南善美电子商务有限公司和陇南艺禾产品包装设计公司，成为当地首家农村淘宝 TP 运营商，组织结构包括创意策划部、产品开发部、网货制作部、物流快递部、线上运营部五个部门，逐步开展了项目策划、产品挖掘、采购、创意、包装设计、专业拍摄、线上导购、订单处理、打包发货、售后服务、市场推广、客户维护、仓储物流、上新优化等业务。

刚开始，在产品研发和产品包装方面，徐涛只收取市场价的 20%。这对一个刚刚起步的新公司来说，是巨大的考验，利润的逐步压缩让公司几次都在生死线上徘徊，发工资都困难，更不要说吸引更多的人才来加盟。但好处是，这种让利策略逐步改变了当地企业和农户对品牌的认知，他们慢慢突破了思维瓶颈，最终与徐涛的公司达成了共识。

慢慢地，这种让利模式的成效逐渐显现，徐涛的设计理念开始被人们接受。越来越多的人认识到，产品不仅是商品本身，还需要精心打造。于是，一些贫困户带着自家生产的农产品前来，希望他能够帮助销售。徐涛为这些低成本的农产品设计了简约的包装，提升了产品的附加值。

以蜂蜜为例，原本简易包装的蜂蜜，显得质量不高，价格也上不去，完全体现不出当地蜂蜜的质量，导致每斤售价最多二十几元。但是，经过徐涛的包装设计，蜂蜜的品质立马展现出来，一斤蜂蜜的售价则达到四五十元，同时，外包装所需的耗材还能延伸产业链，带动其他行业发展。这不仅是对低收入农民的帮助，而且也体现了他对家乡人的关怀。这种真诚的、实实在在的帮助使越来越多的农户认可了他。虽然公司的业务很多，每天忙得脚打后脑勺，但盈利却很少，看似付出与回报不成正比，但这些无法以金钱来衡量的价值，或许正是公司初创时他的初心和远见，持续的付出必然会有长久的回报。

随着业务的逐步开展，徐涛的公司也逐渐壮大，规模从最初的一个人发展到二十多人，而且这些员工都是拥有大专或本科以上学历的大学生，这在陇南的民营企业中并不多见，这是对徐涛发展方向的认可，也显示出这些年轻人愿意将自己的未来托付给公司的决心，这份信任进一步增强了他的责任感。尽管创业之路布满荆棘，但与这些可爱的合作伙伴共同努力，不断地磨砺自己，徐涛获得了丰厚的回报，回报包含了公司的壮大、小伙伴的成长、家乡的期盼……

公司注重科学管理，借鉴目标管理法，每周举行例会，为公司指明方向，为员工设定目标，这样，员工不再只是被动地完成任务，而是主动地寻找并努力地完成工作，为了目标也愿意加班加点。徐涛还鼓励员工在企业内部进行创业，最大限度地调动员工的积极性，激发他们的工作热情。年轻人自然充满无限的活力，只要积极性被调动起来，其工作状态必然是充满能量的。

【参考阅读】

目标管理法（Management by Objectives，MBO）是一种绩效管

理方法，由彼得·德鲁克在1954年提出。他强调，要通过明确、可衡量的目标来管理组织和员工，将组织目标与员工个人目标对齐。目标管理法包括几个关键步骤：设定清晰的年度和长期目标，并将这些目标分解到各个部门和个人，同时定期检查进度，再根据结果进行反馈和奖励。这种方法的核心在于促进上下级之间的有效沟通，确保每个成员都朝着共同的目标努力，同时提升员工的参与感和满意度。

这种以人为本的正向激励，使公司进入良性循环，员工对企业文化和发展方向的认同感不断增强，从而提升公司的凝聚力和生命力，创造出更大的价值，同时为员工带来了更多的收入。

四、进阶之路

（一）贴合实际的设计

多年来，徐涛一直致力于农产品品牌和包装的提升工作，帮助全市农产品企业、合作社培育农产品品牌，提高农产品市场竞争力，全力解决农产品普遍存在的标准化程度低、同质化严重、缺乏完整清晰的品牌形象和视觉识别系统等问题。

徐涛虽然是一个企业的领导者，但他始终是一名优秀的专业设计师，他坚信，网购并不仅仅是交易，它涉及的是一个产业。在他看来，产品的外包装是消费者最初接触的部分，因此一切设计都必须合理，必须独具特色。

他依照自己的设计思路、周围环境以及消费者的建议，设计了“武都四宝”礼盒和“武都四宝”伴手礼的包装。“武都四宝”分别是武都的橄榄油、花椒、崖蜜和红芪，每个产品背后都蕴含着一个产业，所以徐涛以喜庆、丰收为主要设计理念，不仅成功展示了北纬 33 度原产地的特质，显示了陇南的地域特色，还激发了消费者的购买欲望。

另外，他还设计了碧口古镇系列的品牌形象，以古镇为背景，突出了碧口古镇的美丽风景和古镇建筑的艺术特色，不仅巧妙地呈现了地域文化，融合了陇南的山水和古典纹样，还使整体风格更加稳重典雅，充满了中国风格，为整个系列品牌赋予了精致、简约、淡雅和唯美的特点。碧口古镇系列设计以绿色为主调，巧妙地突出了“碧”字的含义，不仅包含了文化、美学和风景，更体现了设计师深厚的美学底蕴和设计思想。这些设计成为陇南流动的明信片，无论产品销往何地，都留下了陇南独特的印记。

从 2017 年至今，徐涛领导的团队通过电子商务累计销售本地农特产品超过 2 亿元。他充分发挥了自己的专业优势，专注于农产品包装的开发，为全市的农产品企业、合作社和村集体开发了 500 多款农产品包装。通过改善农产品的外包装，他帮助企业和农民提升了农产品的溢价，累计达到 5000 多万元。

2019 年，他受邀参加了农业农村部质量安全中心举办的全国农产品包装标识和技术贸易措施专题培训班，为各地相关单位的领导、全国优秀食品包装生产厂家和企业负责人介绍了陇南，推介了陇南，并分享了自己在包装设计和农产品开发方面的经验。

2020年4月20日，“艺禾包装”与“宕昌来三斤”正式签约，合作打造了一个有温度、有设计、有情感的农特产品“外衣”。首款旅游伴手礼“宕昌腔调”很快问世。这次合作首次以羌族文化为符号，结合沿海城市旅游产品的特点，突破性地将陇南特色产品推向全国市场。

【参考阅读】

“来三斤”是国家重点研发计划项目运营主体，由陈坤祥博士创办于2016年，是国内领先的数字乡村综合服务商、数字（预制菜）产业园投资建设运营商，旗下拥有“来三斤”“播三斤”“三斤到家”“三斤有礼”等多个知名数字农业平台。“来三斤”以“产业报国，成人达己”为公司的价值观，通过大数据、物联网、元宇宙、人工智能等现代核心技术打造产业互联网平台与生态，致力于助推地方实现“产业数字化”与“数字产业化”，赋能地方经济高质量发展与乡村振兴。深耕农村电商、数字经济等领域七年，“来三斤”先后获得“中国涉农电商60强企业”“全国十大最具创新力企业”“国家AAA级信用企业”“国家发改委全国双创周主会场展示企业”“农业农村部全国农业创业大赛福建省一等奖企业”“全国百项可复制可推广数字农业模式企业”“全国数字渔业典型案例企业”

“福建省农业农村厅认定的‘互联网+’农产品出村进城企业”“厦门市双百计划领军人才企业”“‘爱心厦门’建设典型企业”等诸多荣誉与资质。

“宕昌来三斤”，是由甘肃省政府办公厅引进、“来三斤”厦门总部投资建设的电商扶贫项目。2019年11月6日，宕昌县人民政府与“来三斤”进行了战略合作签约，双方共同建设“宕昌来三斤”平台。自签约以来，“宕昌来三斤”与两河口镇、哈达铺镇、阿邬镇等25个乡镇以及宕昌县众多龙头企业在扶贫方面达成战略合作，以抱团发展的形式有效链接分散资源，在新零售、农特产上行、旅游资源开发、精准扶贫等方面发挥优势，打造集聚多方资源的农旅平台，形成“一进一出”模式，在促进农旅特产“走出去”的同时引来大量游客，带动县域文旅产业发展，为本地扶贫产品的“品牌化、规模化”打开了新的思路和发展方向，有效促使本地经济高质量发展。

“来三斤宕昌电商”精准扶贫模式受到众多主流媒体的认可，并获得央视《新闻30分》的专题报道。宕昌县有“千年药乡”之美誉，“哈达铺当归”“宕昌党参”“宕昌黄芪”“宕昌大黄”“宕昌百花蜜”先后通过了国家农产品地理标志认证，创建的拉路梁中药材绿色标准化生产基地被农业农村部认定为国家现代农业科技示范展示基地，农产品资源丰富且优质。

【资料来源：①来三斤董事长陈坤祥博士获评全国“百位数字农业专家”(sohu. com)；②产销对接农特产亮相金城．手机网易网（163. com).】

同年，他受邀参加了由农业农村部农产品质量安全中心主办的第17届中国—东盟博览会农产品包装标识专展，并荣获特等奖。在2020年和2021年，他的公司连续两年入选全国农产品包装标识典范企业名录。

在多年的创业历程中，徐涛一直紧紧抓住每一个能够带领家乡走向外界的机遇，积极洽谈业务，跟进销售，与团队一起将每个项目做到完美、极致。

创业过程中，他还在规划和培训上投入了大量精力，与每一位电商创业者进行交流，帮助他们拍摄宣传视频，以更直观的方式介绍产品，从而帮助他们扩展市场。通过他的努力，更多人开始关注电商、拓展平台，他不仅依靠自己独特的方式让更多人了解了产品的原产地，还将更多陇南的特色产品带向全国市场。

（二）社会责任与企业利润的双赢

2021年，徐涛深入市场调研，开始调整他的运营策略，增加了线下社区电商销售平台，采取了线上线下相结合的经营模式。以本地社区居民的集成服务为核心理念，通过拼团、分享等模式，他将陇南电商平台与社区紧密联系起来，实现手机下单后5到15分钟即可送货到家。这一模式不仅让消费者享受了更为实惠的蔬菜购买体验，还让农民的收益更加丰厚，实现了整个产业链的成本降低和效益提升。

传统的小农分散生产和冗长的流通链条一直对农产品的供应形

成了制约，而社区电商通过构建自有的直采供应体系，优化流通环节，创造线上线下新零售模式等方法，为社区居民提供了一条全新的选购途径。特别是在疫情期间，这条新途径已成为居民日常所需物资的重要供应渠道。

自从社区电商项目启动以来，线上销售额已经达到了 1500 万元。他的采购团队深入乡镇和田间地头，直接采购本地蔬菜和水果，一方面解决了本地乡镇农民的经济问题，另一方面打破了传统电商只关注单一品类的局限，逐步满足了居民多样化的生活需求。

2022 年，陇南电商平台充分保障了居民的基本生活需求。徐涛和他的团队不断寻找新的生活物资，扩展产品供应链，他们上架了包括橄榄油、花椒、中药材、食用菌、米面粮油、果蔬干货、蜂蜜茶酒、苹果核桃、小吃等在内的十四大类 400 多款产品，以及优质农产品、肉蛋生鲜和日用百货在内的 500 余款商品。通过同城配送平台，他们打通了内销和外销的双向通道，实现了 7 万余笔交易，总交易额达到了 1.4 亿元。

谈到自己的创业历程，徐涛深情地说："我们经历了从最初的淘宝、天猫、1688、京东、拼多多等平台的过渡，见证了电商的发展从一类到二类的演变，在其中，我们亲历并见证了自家平台——'陇南电商平台'的崛起。从特殊时期的保供，到如今尽人皆知、人人共享的美好局面。"

展望未来，徐涛有更大的计划。他将进一步优化、提升并壮大团队，继续在品牌包装、设计制作等领域加强学习，将自己所学应用于实践，打造更多具有地域特色、代表性和高附加值的作品。

他的目标是覆盖全市的包装设计，让精美的包装成为优质产品的代言，让优质产品为精美包装代言。他不仅帮助企业增加了利润，更承担起了积极的社会责任，协助企业实现了社会责任与企业利润的双赢局面。

五、问题与思考

回首往昔，徐涛回乡创业之路不仅是一段成功的佳话，更是一幅家乡发展的美丽画卷。他不仅创立了自己的企业，开辟了事业的新天地，更在陇南电商的崛起中留下了难以磨灭的足迹，还在多个领域中创造了令人瞩目的“第一”。

如今的陇南，品牌和包装设计的理念已经逐渐深入人心。越来越多的农户和企业开始重视设计的力量，市面上的产品包装和品牌设计焕发了崭新的面貌。这一切并非偶然，是众多像陇南艺禾这样的公司不懈努力的结果，也是电商升级发展的必然要求。

在浩瀚的夜空中，徐涛如一颗明亮的星，不仅照亮了自己前行的方向，点亮了家乡的未来，还带领众人踏上精彩旅程。

当然，在这个过程中，徐涛面临的挑战仍然很多，前方的道路注定还会有诸多曲折与考验。无论面对多少困难与挑战，徐涛始终坚信，只要不断突破前行，梦想终究会化为现实，将文化融入商业，必将绘就出一幅幅美丽的画卷。

人物

徐涛，男，1988年出生，陇南艺禾产品包装设计有限公司创始人，工信部高级电子商务师，中国国际电子商务中心认证电商扶贫讲师。多年来帮助农产品企业、合作社、乡镇、农户开发适销对路的网货产品1000余款，提升销售额5000万元以上，设计了“印象鱼龙”“藏乡坪牙”“藏乡磨坝”及“万象”系列等40多个地域共享商标图标。

媒体报道

“近年来，随着电商企业的快速发展，特别是新一代年轻客户群体成为消费主体，企业对外包装设计需求明显增加。”企业负责人徐涛介绍。目前，他自己已经与全国近80%的包装生产企业建立了战略合作关系，能够为陇南市各类电商企业提供适合自己产品的包装设计，以帮助企业塑造良好的品牌形象。

【资料来源：让优质农产品搭上“互联网+”快车——陇南电商产业服务中心见闻．中共西藏自治区委员会网络安全和信息化委员会办公室(xzdw. gov. cn).】

案例 6

“能人”镡仲峰的坎坷与情怀*

镡仲峰是身边人眼中的“能人”，上小学时他就开始尝试“谈生意”，改革开放后又从电力系统辞职下海，搞长途客运，并获得丰裕的生活条件。电子商务大潮涌起，不甘人后，他又果断投身陇南电商，建立农村合作社，带领周围群众朝着共同富裕的康庄大道勇毅前行！他与众不同、善于创新的眼光，敢于放弃“铁饭碗”的决心和勇气，开放包容、拥抱互联网的精神，经历价格战而又恪守市场信誉的诚信原则，敢为人先、大胆尝试的习惯和行动……无不闪耀着一个农民企业家精神的独特光芒。在乡村振兴的大背景下，镡仲峰的故事展示的不仅是个体的成功经验，更是陇南农村电商事业

---

* 本案例由管新帅、罗一鸣撰写，作者拥有著作权中的署名权、修改权、改编权；本案例的撰写及发表已取得相关企业及案例当事人授权；由于企业保密的要求，在本案例中对有关名称、数据等做了必要的处理；本案例仅是关于企业发展历程的描述与讨论，并无意暗示或说明某种管理行为是否有效。

发展的一个精彩缩影。

一、一个爱折腾的“能人”

时势造英雄，英雄靠时势。互联网革命进入21世纪时，一股神奇的力量悄然涌现，不仅改变了人们的信息交互方式，而且颠覆了许许多多传统的生产交换方式，电商位列其中，尤为显眼。

互联网革命席卷而来，陇南这片土地也被扬起了风沙。对于镡仲峰这样一个富有冒险精神的创业者来说，这是一个千载难逢的机遇。然而，他并非一开始就选择投身电商这一领域，而是在创业道路上走过了一番曲折的历程。

刚开始在互联网上开设网店的创业者来自五湖四海，销售的商品也是五花八门，但他们都有一个共同的目标，就是利用互联网这个平台打破地域限制，让自己的商品走向全国各地。随着时间的推移，电商逐渐发展壮大。从最初的个人网店到后来的电商平台，电商行业不断壮大，成为中国经济乃至世界经济不可或缺的组成部分。在这个过程中，有一些创业者像勇闯江湖的大侠，顶着风雨，坚持着自己的初心；也有一些创业者，经过大浪淘沙就逐渐散去了，最终相忘于江湖；还有一些创业者做到了顺势而为，结果也乐得其所。

如今的陇南已经形成了电商产品卖到全国、卖到境外的“大循环”和自产自销的“小循环”互补的发展格局，陇南从藏在深山人不识的贫困小城，变成了电商尤其是西部农村电商的佼佼者。

早年的陇南，尽管美丽壮观，但相对贫瘠与封闭。电商风声渐起，但在当时，这对陇南的人们来说，依旧是遥远而陌生的事物。镡仲峰固然有着冒险的精神，也无法摆脱内心的担忧：农村电商是否有足够的潜力？是否能在这片土地上扎根生存？他必须经过深思熟虑后再作出决定。

在陇南的大山深处，镡仲峰开始进行自己的电商试水。他不仅要面对当时电商行业的不成熟与困难，还要面对家人与朋友的质疑。许多人认为，放弃已经有了一定成绩的生意，去涉足陌生的电商领域，是个不明智的选择。

说起镡仲峰，朋友们总是异口同声地说，他是一个爱折腾的“能人”。20世纪90年代，他从陇南成县镡坝村走出来，二十多年来，他历经辞职下海、弄养殖、搞客运，在当地也算是小有成就，按照他身边人的说法，是远近有名的“能人”。一路走来，他每次关于创业的选择都让家人和周围的朋友始料未及，却又在意料之中，如今，他又要放下已经成熟且可持续的生意，换轨道，“钉”在了农村电商的圈子上，虽然又让人一惊，但最终家人和朋友还是接受并支持了他。因此，他又有了一个新的标签——“陇南电商人”。如果这个标签只是地域商业环境之下的顺势而为，那么镡仲峰不会成为他人口中的“始料未及”，也不会成为身边人眼中的“能人”。

甘肃鑫园药业有限责任公司总经理镡仲峰

现在我们就把这个故事从头说起，去探求镡“能人”的一次次选择并扎根农村电商的情怀和心路历程。

二、历练：“能”力初显

（一）劳动与折腾

20 世纪 70 年代初期，镡仲峰出生在陇南成县镡坝村，少年镡仲峰经历了与自然相伴的乡村生活。他是家中的第四个儿子，出生后父母便为其取名小社，希望他长大后能成为一名好社员。80 年代的镡坝村交通不便，相对闭塞，很少见到外地人，孩子们上学普遍较晚，小社 9 岁之前基本上是在乡村的田野中自由成长的。

9 岁时，小社开始上小学。在班上成绩很好，老师也十分偏爱他。但是他也是学校里最调皮的学生，爱和同学打架。一、二年级的小孩子打架，其实也就是小猫逗小狗似的打着玩，但是性格执拗的小社，就是非打赢不可，这次打不赢，下次继续打，直到打赢为止，这种不服输的个性在他日后的创业历程中发挥了关键作用。后来，慢慢懂事了的小社，明白了父母的辛苦和家中的贫困，放学回家后，经常帮家里干些自己力所能及的活儿。春天放牛、割草，夏天拾麦穗，秋天剥番麦，只要是自己能干的活儿，他都去做，这种与农村土地的亲密接触，为他日后进行农村电商创业奠定了坚实的基础。

小学五年级的假期，小社就开始跟着邻居家比自己大的男孩去山上割竹子。山风习习，野花盛开，山上的野山杏黄黄的，散发着诱人的清香，13 岁的小社已不是当年那个漫山遍野乱跑的小屁孩儿了，他现在有更重要的事要做。跟着邻居家的大男孩上了山之后，小社就开始割起竹子来，一直割到自己快要背不动了为止，才将割下的竹子用麻绳捆好，背下山去，直接背到收购站去卖，这个收入对于当时的小社来讲是相当可观的。第一次挣钱，让小社非常开心。

童年时代的割竹经历，让镡仲峰领悟到劳动是可以挣钱的，同时也能带给人深深的满足与成就感。从那时起，他开始明白用自己的劳动能减轻家人的负担，也开始慢慢地形成了他朴素的金钱观。

镡仲峰天生爱折腾，又愿意不断尝试、创新和努力，他意识到，只有敢于尝试新事物，不断折腾，才能在商业道路上获得突破。这种折腾的心态，始终贯穿着他的整个创业历程。

（二）合作与资源整合

长江流域的陇南大地四季常绿，郁郁葱葱。1984 年的秋天，雨水对陇南这片土地过分偏爱，似乎要将自己的满腔热情，都肆意挥洒在陇南大地上，最终形成了水灾。灾后，当地县政府决定对被水灾毁坏的水文监测站进行重建。建设驻地就设在小社他们村里。听说建设工地招工干活，工钱是一个人一天一块二毛钱。当时刚好是假期里，所以，小社也打算去工地上打工。

管理工地的人上下打量着 14 岁的小社，看着他比同龄人发育迟缓的小身板、矮小的个头、细小的胳膊和细小的腿，摇了头，告诉他，工地上活儿很重，他还太小了，干不了，不能招收他。

小社想努力地争取一下，他说："别人一天工钱一块二，我只要一块可以吗？"

管理工地的人回答得很干脆："不成，这活你干不了。"

"那就五毛吧，能成吗？"

"不成！"

失望的小社转身离开了工地，但没走多远就被人叫住了，那是和小社同村的一个小伙子，他是小社的好朋友，年龄比小社大几岁，个头也长得比小社大，两人说好一起来工地找活干，工地招收了他，但他看到自己的好朋友小社没有被工地招上，也很"义气"地离开了。

两个好朋友在一块合计了一下，决定以自己的方式谋生，靠河吃河，他们想利用西汉水这条古老大河的有利资源，给工地上提供原料——沙子。

小社家里有一辆胶皮轱辘的手推车，那个好朋友家有一个木头做的车厢手推车，他们又找到同村的一个老人一起干。老人家原先也想去工地打工，但是工地上的人看到他年纪大了，也没有招收他。他们俩去找老人家商量这事，因为老人家有一匹马，可以拉车。听了他们的想法，老人家很高兴。他们又去给管理工地的人说，他们给工地上拉沙子，供应原材料。这一次，管理工地的人很爽快地答应了。但要求他们拉来的沙子质量一定要好！

他们三个人齐心协力，连干了好几天，管理工地的人按他们拉来沙子的总立方数进行计量并支付了费用。他们算了一下，几天下来，他们三个人平均每天挣十二块钱，这十二块钱，他们三个人平分，每人得到四块钱，也就是说，他们每人每天挣了四块钱，这可比在工地上打一天工挣的钱还多。

这次经历，也给小社一个启示，那就是干事情不能老是按常规出牌，要多动脑子，面对困境与挑战时不能被常规束缚，需要灵活运用头脑，发现潜在的商机，探索不同的道路。这次寻找商机和资源整合使他们获得了意想不到的回报。从此以后，小社开始逐步摸索属于自己的挣钱路子。

（三）决断下海

1997 年下半年，镡仲峰有了一个招工的机会，被陇南电力局招为正式工人，并分配到镡河变电所。一个月上十天班，休息二十天。这种悠闲但平淡的生活让以前忙碌惯了的镡仲峰很不习惯，觉得很没有意思。他作出了一个那时候很多人都不能理解的决定，1999 年，他决定放弃安逸的生活，迎接未知的挑战。

在生意场上摸爬滚打了 4 年后，适逢我国城建投资力度不断加大，城乡交通条件日益改善，2003 年，镡仲峰买了辆大巴车跑县城到镡坝的线路。当时市场需求旺盛，加上他在当地的人缘特别好，所以每天他的班车都是满员。后来，他又买了一辆大巴车，这个生意总算稳定下来了，而且越做越好。几年后，镡仲峰便置办了新车新房，很快过上了让人羡慕的老板生活。两条线路上的班车都由司机在替他跑，他只要十天半月地去照看一下就可以了，平时也就打打牌喝喝茶，日子过得很舒适。

三、潮起：呼啸而来的电子商务

悠闲的日子一天天过去，但思维与时代的碰撞却从未停歇，互联网的迅速发展又一次为镡仲峰的“折腾”提供了新的机会。

2006 年，网购成为时尚新词的同时，也深刻地改变着人们的生活习惯。从国内整体电商环境来看，随着互联网的不断发展，国内电子商务的应用水平不断提高，特别是沿海发达地区，市场规模快速扩大，经营创新层出不穷，呈现出与实体经济深度融合的发展态势。特别是2010年以来，我国电子商务交易总额成倍增长，到了2013年已经迅速发展到10万亿元的规模。其中，网络零售额超过1.85万亿元，约占当年社会消费品零售总额的7.8%，连续5年平均增速高达63.6%，是社会消费品零售总额增长率的3倍多，网络销售成为拉动内部需求、促进经济增长的新引擎和新动力。互联网快速发展的红利不断刺激着镡仲峰敏感的商业神经，他有了可以接触新产业的机会，一个农村产业发展与互联网结合的创业新模式慢慢地在他脑中成形。

尽管从全国范围来看，2012年我国乡村消费品零售额才27849亿元，城乡差距依然较大，但未来农村市场肯定会迅速发展，对促进国民经济快速增长发挥积极作用。

【参考阅读】

随着“万村千乡”市场工程、新网工程等一系列惠农项目的启动，我国农村地区消费有了一定程度的提升。从数据看，2012年县及县以下社会消费品零售总额达到54420亿元，相比2005年增长了1.46倍，年均增长18.25%，农村消费品零售总额占社会消费品零售总额的比重提升至26.27%。阿里研究院发布《农村电子商务消费报告（2014）》显示，中国农村电商消费市场近年来持续扩大，全国农村网购市场规模2014年达到1800亿元。以淘宝网购数据为例，其农村消费占比已从2012年第二季度的7.11%提升到2014年第一季度的9.11%。

农村电商基础设施方面，农村信息设施虽初具规模，但使用率相对较低。2012年农村地区农村居民家庭平均每百户计算机拥有量21.4台，每百户移动电话拥有量197.8部，2013年宽带入网4737.27万户（数据来源：《中国统计年鉴（2014）》）。虽然大部分农村实现了通电话、通网络，为农村电子商务发展奠定了基础，但与城镇居民相比，农村居民的信息网络设施还存在不足，使用率也低于城镇。抽样调查中，农村居民对网购接受率达84.41%，但实际网购人数仅占网民的30%。

农村交通运输基础设施建设方面明显改善，但质量水平不高。2013年，全国农村公路（含县道、乡道、村道）里程达378.48万公里，其中村道214.74万公里，通公路的乡（镇）占全国乡（镇）总数的99.97%，其中通硬化路面的乡（镇）占97.81%；通公路的建制村占全国建制村总数的99.70%，其中通硬化路面的建制村占89.00%。但农村公路缺乏养护，使用年限较短，路面质量不高。全国50%以上的农村公路尚处于季节性养护、突击性养护甚至失养状态。农村公共交通工具缺乏，难以实现快捷到达，影响经济及社会效益的发挥。农村交通运输设施落后还表现在运输工具不能满足现代农业发展的需要。我国农业专用运输工具较为缺乏，厢式冷藏车数量较少，蔬菜保鲜储藏比例不足20%（韩美贵等，2005；张喜才，2012）。

同时，农村流通设施建设方面较城市也严重滞后。2013 年，农村零售行业的固定资产投资仅是城镇零售业固定资产投资的 32%。农村交通运输和仓储等流通设施在全社会交通运输、仓储和邮政业中所占比重通常情况下为 7%。从农产品交易市场看，综合性市场多，产地专业性市场少，产地市场建设较为滞后。

人口要素方面，农村虽人口众多，但大部分人是电商尚未激活的用户，甚至是未触网用户。农村中的文盲和小学文化程度人口很难进行网上购物，存在“知识鸿沟”。根据调研，可推定农村中 40 岁以上者很难参与电子商务，存在“代际差异”。根据 2006 年农业普查，我国农村劳动力资源中，文盲 3593 万人，占 6.8%；小学文化程度 17341 万人，占 32.7%；初中文化程度 26303 万人，占 49.5%；高中文化程度 5215 万人，占 9.8%；大专及以上文化程度 648 万人，占 1.2%。按照这个数据，农村中参与电子商务的人大概有 1.75 亿，如果再考虑到农村的互联网普及率，则农村中可能参与网购的人就只有 0.78 亿了，这样的市场规模约有 2000 亿元。

按照 2010 年全国人口普查数据，农村人口中 15 岁以上的有 5.36 亿人，其中文盲 0.39 亿人；乡镇人口 2.21 亿人，其中文盲 0.09 亿人。农村中总人口 7.57 亿人，文盲约 0.48 亿人，农村中可能使用电子商务的大概为 7.09 亿人，其中年龄超过 40 岁的乡村人口约 2.96 亿人，乡镇人口约 1.09 亿人，二者相加约 4.05 亿人，农村中电子商务的潜在用户约 3.04 亿人。按照 2013 年互联网普及率为 45.8% 计算，可能通过网络购物的农村人口大概 1.39 亿人。如按照中国农村互联网普及率达到27.5%计算，农村可能实现网购的人口只有0.84亿人。按照目前农村人均消费4330元计算，1.39亿人网购的规模理论上可达6000亿元，如果按照0.84亿人计算，理论上网购规模可达3600亿元。2013年淘宝网发布的《县域网购发展报告》对2006个县域地区网购数据进行了统计分析。从报告统计的2006个县看，最敢花钱的县是福建清流，2012年其人均网购支出达20151元，占其人均收入的72.55%；其次是西藏贡觉，江苏洪泽，黑龙江绥芬河，广东普宁，浙江永康、文成和河北藁城，人均年支出都在1.1万元以上。相比之下，在所有的直辖市、省会城市、地级市中，网购支出占收入比重最大的云南普洱市，只占40%。北、上、广、深等一线城市的网购比重均未超过27%。如果按照30%的比例，农村网购规模在1200亿~2000亿元。

2010年前后，公开统计数据显示（第25次中国互联网发展统计报告），甘肃省网站总数为6181个，全国占比仅为0.2%，仅排在西藏、青海、新疆之前，略高于宁夏的4003个，其中网站的周更新率为4.65%，从全国来看略高于新疆的3.41%，甘肃网民数量约535万人，网络普及率为20.4%，普及率排名全国第25位，总体基础较全国来说相对薄弱。

广大农村和欠发达地区的电商基础设施薄弱，甘肃更是如此，可能参与电子商务的农民面临较大约束，而且这种约束是长期的，如何消除农民的知识障碍，摆脱观念束缚很重要。电商的平台要拓展，需要解决很多困难，绝非一朝一夕的事。在这种情况下，让偏远地区的人们改变观念，放弃原有的做生意方式是很困难的，但是镡仲峰却在与网络的接触中看到了机会。

四、弄潮：一体化雏形

（一）结缘药材种植

在漫长的商海中，镡仲峰的创业旅程经历了多次跌宕起伏。2010 年，镡仲峰的生意逐渐走上正轨，然而，他对时代的脉动和经济的变革始终保持着敏感。这样的洞察力，让他在偶然的机遇中结缘了中药材行业。镡仲峰发现成县本地桔梗市场价格高昂，而桔梗作为一种常用中药材，需求持续旺盛。面对这种市场情势，他毫不犹豫地放弃了已经成功的生意，立刻投入桔梗种植事业，给身边人一个措手不及。

【参考阅读】

桔梗是桔梗科桔梗属的多年生草本植物，根粗壮；植株不分枝，极少数上部分枝；叶片呈卵形、卵状椭圆形至披针形，叶边缘呈细锯齿状；花冠一般为合瓣花，为蓝色或紫色；果实有球状和倒卵状等形状；花期是 7 月至 9 月，果期是 8 月至 10 月。桔梗的得名与其根有关，李时珍曾言：“此草之根结实而耿直，故名桔梗。”

桔梗原产于中国北部地区及朝鲜半岛、俄罗斯远东等地区，现主要分布在中国东北、华北、华东及华中等地，日本也有分布。桔梗喜光，喜凉爽环境，耐寒、耐旱，怕水涝，喜肥沃湿润、排水良好的疏松土壤。桔梗的繁殖方式是种子繁殖，有直播和育苗移栽两种方式。

桔梗可入药，《神农本草经》中记载："味辛，微温。主胸胁痛如刀刺；腹满肠鸣幽幽；惊恐，悸气。"有宣肺、利咽，祛痰等功效，用于治疗咽痛、音哑，咳嗽痰多等症状；胃及十二指肠溃疡者慎服，用量过大易致恶心呕吐。新鲜的桔梗根也可作为蔬菜食用，桔梗咸菜是朝鲜族的特色食品之一，同时，桔梗还是一种观赏性花卉，它的花语是"永恒的爱"。桔梗可作花境材料，根可入药或作为蔬菜食用，是一种多用途植物。

处于秦巴山系交汇地带的成县，山野间生长着各种中药材，其中就包括桔梗，但单纯野生的桔梗不能满足市场的需求。面对这种情况，镡仲峰作出了种植桔梗的大胆尝试。他与两个志同道合的朋友合作，租赁了一片村民闲置的土地，决定试种桔梗。

【参考阅读】

成县位于甘肃省东南部，属西秦岭余脉徽成盆地，长江流域嘉陵江水系。面积1676.54平方公里，耕地面积40.57万亩。全县辖14个镇3个乡，245个村14个居委会，总人口24.15万人（其中城镇人口12.11万人）。

成县历史悠久，文化底蕴深厚。先秦设道，东汉置郡，唐、宋、元设州，治同谷县。明初始称成县，相沿至今。县内已探明和挖掘的仰韶文化、马家窑文化、齐家文化、寺洼文化遗址20余处，另外还有春秋、汉代、宋代墓葬群13处，出土文物的品质较高，有龙门、固山、紫金山等古战场遗址多处。2007年被联合国教科文组织命名为“千年古县”。

这里气候独特，自然资源丰富。境内四季分明，气候宜人，生态良好，土地肥沃，属南北过渡性暖温带半湿润气候区，海拔750~2377米，年平均气温11.9℃，降水量620毫米，无霜期210天，年日照时数1625小时，境内有“一江三河”。县内已知植物种类1958种，动物种类54种；有林地129.6万亩，可利用草地13.96万亩，全县森林覆盖率48.5%。

这里矿产丰富，工业基础良好。境内已发现矿产23种，金属矿藏主要有铅、锌、金、银、铜、铁等，非金属矿藏主要有大理石、花岗岩、石英石、冰洲石等。其中，铅锌地质储量约1100万金属吨，是国内第二大铅锌矿，矿石品位高，储藏浅，易开采，成为继白银、金川之后甘肃第三个有色金属工业生产基地；大理石储藏量92亿吨，品类齐全，居全省首位。

【资料来源：成县人民政府网站.】

当地卖桔梗种子的商家比较少，他们找了好久，只找到了一户商家有桔梗种子。起初，他们从那个商家处购买桔梗种子，说好了是一斤 80 元，他们先买了 200 斤进行试种。后来，他们决定大面积种植，就又去原来那个商家处购买。那个商家看到他们这次购买的桔梗种子量大，就开始涨价了，同样的种子，每斤由原来的 80 元涨到 130 元，每斤比原来多了 50 元。其实，镡仲峰早就知道，那人的种子批发来的时候是 45 元，每斤要赚他们 35 元，以前他们需要的量小，觉得可以接受，但是现在他们需要的量大了，那个商家再涨价，他们就觉得不划算了，决定自己到外面去买桔梗种子。

他们三个人中，有一个年纪略大些，胆子小，说：“130 元就 130 元吧。”镡仲峰说：“那不行，我们现在需要的量大，将来需要的量还会更大!”这时候的镡仲峰已经考虑不光自己种，还要发展村子里其他村民都来种植桔梗的事了。他将自己的想法跟其他两个人说了，还说：“我们应该出去考察一下外面的市场，如果我们不去考察外面的市场，老站在本地商家的背后，以后我们啥都要依靠人家了，将来我们种植成功了，也必将依靠他，这样我们就会受制于这个商家。”他的这个想法，首先得到了另一个年轻一些的合伙人的赞同，他们共同说服了那个年纪大的合伙人，决定出去看一看。就是这个决定使镡仲峰的生意有了与网络的第一次接触。

（二）试水合作社

那时的镡仲峰对电脑还不太熟悉，但他并未因此束手束脚。他主动请上大学的侄儿帮忙从互联网上查找信息，发现河北的安国地区拥有大量中药材种子。于是，他们决定去安国的市场进行考察。

那时，到安国还没有直达的车，他们一路倒车转车，终于到了安国。但是，当他们到达安国之后，安国的桔梗种子却涨价了，但是按等级有每斤60元、70元、80元三种价格供选择，他们就抱着谨慎的态度选择购买了每斤70元的桔梗种子。这次他们一次性买回来几千斤种子。

回到陇南，他们先试种了几百亩，结果种植得很成功。看到他们种植成功了，村子里的人也都来让他们帮忙购买种子。因为已经跟安国那边的人建立了联系，他们就直接从网上与对方联系，让安国那边的人将种子发过来，每斤种子他们只收村民10元钱的手续费，并且保证，如果从他们那儿拿的种子不发芽，他们可以再次免费为村民提供种子。

有了基础，2012年，镡仲峰开始琢磨建立自己的桔梗销售渠道的事情，前期经商积累的大量的渠道资源和社会关系也能派上用场。但镡仲峰同时也意识到，渠道的基础是稳定的产品供给。他认为农民专业合作社是一个潜力巨大的发展方向。农民专业合作社是一种新型的制度安排，制度创新的动力来自追求“预期收益”超过“预期成本”的“外部利润”或“潜在利润”。镡仲峰未必理解这个概念，但他看到了农民专业合作社降费增效的好处，同时农民专业合作社也契合了他关于更好销售桔梗的思路。于是，他决定尝试合作社模式。

其实，对于当时的大多数村民来说，“农民专业合作社”只是一个“只闻其名”的概念，对当时的大多数人来说，农民专业合作社仍然是很新鲜的事物。可以说，对潜在利润的追求，是诱使人们去努力改变其制度安排的主要原因，农民专业合作社的出现便是如此。于是镡仲峰尝试选择了合作社这条路，和同村的六个人联合注册了合作社，当时的注册资金是 76 万元。

起初他们注册成立合作社时，只是几个人的想法，但是没有想到的是，这个想法却受到广大村民的热烈欢迎，他们种植的桔梗可以由合作社统一收购。不但本村村民高兴，位于西汉水对面的邻县——康县内靠近镡坝这边的村民也很高兴，纷纷将自己的桔梗卖给他们的合作社。村民的这种热情，鼓励了镡仲峰他们的信心。就这样，在村民的鼓励下，他们一步一步走得更好了。

2013 年，他们的合作社已经成了全县的先进典型，不断有人来找他们的合作社取经，学习他们的经验。后来，他们又发展了黄芪等药材的种植。再后来，他们将自己的种植经验总结起来，免费提供给农户，指导他们进行种植，收获后，由合作社全部收购。他们将这些药材收购下来之后，先进行初加工，然后卖给外地的商家。刚开始的两年，他们既没有挣到钱，也没有赔钱，但市场占有率和影响力日益增长了。

镡仲峰的合作社之所以能获得如此广泛的支持，离不开他在合作过程中建立的信任。合作社成员之间的诚信和互信是合作社兴旺发达的重要保障。他们的合作伙伴们看到了镡仲峰的诚信和务实，愿意积极参与合作。同时，合作社与村民之间也形成了一种共生关系。合作社帮助村民购买种子，提供技术指导，统一收购产品，村民则为合作社提供了源源不断的优质原材料。在这个过程中，彼此的利益得到了最大化，共生共赢成为可能。

（三）危机重重

合作社成立的第三年，镡仲峰正准备大干一场，将桔梗种植事业推向新的高峰。然而，在他即将迈出扩张的步伐时，销售环节出现了问题，让他付出了沉重的代价。当时，陇南的桔梗采购和销售长期被外地人垄断，镡仲峰的出现使既得利益者感受到了前所未有的危机，于是一个“绞杀”计划渐渐形成。

2015年，在国内市场价格比较稳定的情况下，陇南桔梗市场价格突然大跌，出现了“倒挂”的局面，这让正在起步阶段的镡仲峰猝不及防。一边是农户手中囤有大量的桔梗，一边是销售越多赔钱越多，刚刚建立起来的良好局面荡然无存，农户们种植的信心受到了巨大的打击。虽然是市场行为，但是镡仲峰敏锐地察觉到了其中的门道：是有人从中作梗，利用市场规律对镡仲峰的桔梗种植事业进行打压。仔细分析后，镡仲峰发现，短时间内完成渠道建设非常困难，但是桔梗收割又不等人……此时只有两个选择，一是向当地采销体系低头，甘做下游，如此虽然影响利润，但是倒也有些赚头。二是壮士断腕，另立门户，但是并不一定能成功。长期来看，前者是饮鸩止渴，后者是破釜沉舟。最终，在纠结良久后，镡仲峰选择了后者。

“我的身后还有众多种植桔梗的农户，”回忆当初选择时的心态，镡仲峰坚定地说，“农户的信心和利益才是最重要的，失败又算得了什么，大不了从头再来。”于是镡仲峰选择先按照高于国内市场的价格面向农户收购桔梗，硬扛住这一波冲击。一番对峙下来，镡仲峰和他的合伙人损失了400多万元，但塞翁失马，农户的心却与他们贴得更近了。

痛定思痛，镡仲峰开始着手建立自己的销售渠道，同时进一步完成合作社的自我升级。镡仲峰想尝试进行深加工，然后就可以对产品实行自主定价了，这样就掌握了市场的主动权。从大量经验来看，随着经济的发展和制度的演进，面对危机，众多农民合作组织均选择通过合并、收购、一体化等手段来增强自身实力。

镡仲峰的选择同样验证了这一经验，他选择了一条纵向一体化发展之路。农民（农业）合作之间的纵向一体化，不仅包括农业生产资料供给合作与农业生产合作的一体化，而且包括农业生产合作与农产品营销、深加工合作的一体化。后者是近年来农民合作纵向一体化的主要标志。其基本动因是，在激烈的市场竞争中，农民合作社仅介入农产品的收购、集散和初始加工领域，既不能获得理想的利润，又不能有效地控制消费市场。只有介入深加工，甚至延伸至消费者的餐桌，农民合作组织才能获得高额的利润，镡仲峰的鑫园合作社正是如此。

纵向一体化的好处很明显，但至少存在以下三个方面的风险。一是如果一体化组织的财务负担过重，则合作成员就难以控制其企业；二是如果从加工环节中获得的利润是通过提高交售产品价格的形式返还给成员，则会传递给成员失真的价格信号，导致成员过度生产；三是农民往往缺乏现代企业管理与营销的技能，因而往往难以胜任纵向一体化合作企业的决策与管理。

无论如何，镡仲峰作出了选择，因为这是合作社发展的必经之路，至少是一种打破僵局的方式。然而，随着合作社规模的扩大，镡仲峰和他的“鑫园号”承载了太多的期待与希望，他们如出海的大船，即便航程困难重重，但也难再回头，只能勇闯深海。

五、潮涌：“合作社+公司+网络”模式初成

在纵向一体化的发展之路上，为了与市场更好地对接，2015年镡仲峰成立了甘肃鑫园药业有限责任公司，在合作社的基础上逐步形成了“合作社+公司+网络”的模式。这与全国人大代表、广元市青川县川珍实业董事长左万军的方法不谋而合。左万军曾介绍自己的模式说：“对于买不起种子的老百姓，我们把种子赠送给他，由老百姓种植，老百姓种出来的产品由我们通过电子商务平台销售，我们将电子商务平台销售产品利润的三分之一拿出来解决区里老百姓子女上学难的问题。”

众多学者对于这种实践中得出的模式倍加赞赏，他们认为，一个农民作为个体，其议价能力和市场完全不对等，只有先把规模做大，代表一个团队议价才有优势。另外，这种模式还有一个好处，就是能保障诚信，比如添加猪肉瘦肉精问题，如果没有公司和检疫

队点对点地跑去检查，一个农户为了利益，很难保证其不添加瘦肉精等；反之，公司旗下的所有农户按照标准化生产，就可以在一定程度上保证质量，从而解决农村电商的痛点问题。然而，镡仲峰不满足于此，他有更多的想法，更多的事要做。

【参考阅读】

有观点指出，中国农民合作社的创立是对现实条件的一种实用主义的回应，这与国际合作运动形成了鲜明的对比（世界银行，2006年）。发达的合作社制度是中国建立现代市场经济、发展现代农业、推进农业产业化经营不可或缺的组织制度基础。而龙头企业在推进农业产业化经营中独领风骚，具有不可替代的作用，公司与农民共同投资创办合作社，使农户与公司之间建立了紧密的利益联结机制，让农户在承担有限风险的情况下，有机会分享农产品加工、销售环节的利润。有学者指出，通过产权链条来稳定和规范组织交易行为和利益关系，可在一定程度上消除合作社和龙头企业的利益冲突（周立群、曹利群，2001）。合作社制度突破了公司与农户之间仅仅是分工协作意义上的联合，在一体化组织内部建立了一种有效的利益均衡机制，使一体化组织内部共同面对市场风险，提高了一体化组织的市场竞争力（孙亚范，2006）。对此，有学者曾对浙江66家农民专业合作社进行了实证分析，结果显示，由拥有资本、市场和社会关系的企业等主导合作社，更可能使合作社得到市场地位和组织发展，增加农户利益。因为农户加入合作社主要目的是获得经济利益，追求帕雷托改进，而非帕雷托最优。解决农产品市场进入和价格上涨是农户最基本也是最大的利益。在合作社发展初期，农户“不奢望获得”更多的利益，他们充分意识到没有高回报不足以吸引那些拥有资金、市场、社会资本等稀缺资源要素所有者的加盟，因此，他们愿意为此放弃部分权益（徐旭初，2005）。

【资料来源：苑鹏．对公司领办的农民专业合作社的探讨——以北京圣泽林梨专业合作社为例［J］．管理世界，2008（07）：62－69. DOI：10.19744/j.cnki.11－1235/f.2008.07.008.】

鑫园药业公司成立后，积极响应国家脱贫攻坚的政策号召，逐步发展带动农户8000多户，其中建档立卡户573户，发展种植面积近50000亩，种植范围辐射陇南的成县、康县、西和、徽县、两当5县。2022年公司经营收入1853万元，实现年终分红190.4万元，从2015年到2022年，8年来累计分红1220余万元。在分红比例方面，比例逐年递增，从2015年的8%增加到2022年的15%。

镡仲峰表示："我们的模式和当地其他企业的模式都不一样，从链条上看，我们企业第一、第二、第三产业兼具，从生产到产品加工到物流再到互联网线上销售俱全，尽管借船出海比造船出海更省力，但是陇南产业发展还处于初级阶段，企业之间的合作还不够紧密。我们在管理、设计模式上主要有两个基本出发点，一是专业分工，二是利润分配，总的说起来就是各干各的事情，各赚各的钱。"

总体来看，镡仲峰的模式较其他模式有三个方面的不同：一是公司创新性地提出二次分红模式。第一次分红是按照市场价格对合作社产品进行收购。第二次是在公司完成产品的深加工销售之后，将所得利润的50%按照农户产品收购数量的情况进行的分红。二是互助帮扶模式。当合作社社员遇到各类意外困难时，社员可以向公司申请1万元的无息备用金，同时可以根据具体情况，动员其他社员对困难社员进行帮扶。目前，备用金启动共计88万元，其他社员帮扶启动87次。三是激励模式。激励模式主要包括两个方面：对外产业扶植和对内激发员工的内生动力。主要的方法是对种植户进行定期评价和奖励，对内部员工实行规范的流程化、标准化管理，节省管理成本，用于对优秀员工的奖励。

此外，在“三变”模式方面，鑫园药业公司也有创新之处。一是生产经营入股。企业负责提供种子与种植技术，农户提供土地和生产经营管理。其中，二次分红的比例是公司占比20%，种植户占比80%。如果种植户为贫困户，则分红占比上升到90%。以上分红模式使公司基本没有利润，但是可以有两个方面的重要收获：扶贫意义和后期产业链的稳定。二是土地入股，农户以土地进行入股，企业首先进行保底分红，采挖完成后按比例再分红一次；分红比例为企业90%，农户10%。三是劳动力分红。企业吸纳农户现有劳动力加入公司，发放劳务工资，同时，产品销售价格上涨的情况下，按照上浮利润二次分红；比例为企业90%，务工人员10%。四是土地托管模式。农户提供土地，由公司负责全面运营，年终与土地托管方进行对半的利润分红。如果托管方为贫困户，则贫困户分成比例上升到60%。五是现金入股。采取“入股自愿、退股自由”的方式，每万元定期分红800元。

【参考阅读】

农村“三变”改革是贵州省六盘水市为解决家庭承包制背景下“分”得彻底、“统”得不够的问题而出现，是以“还权赋能”为核心推进的一项系统性农村集体产权制度改革，具有丰富的内涵。

“资源变资产”的核心是让“死资源”变成“活资产”。通过改革将农村的自然型资源、历史型资源、资产型资源和权利型资源转变为资产，实现资产增值。将资源转变为资产，主要通过明确四类资产的范围类型、产权归属和权能边界，将四类资源入股到龙头企业、合作社和家庭农场等新型经营主体中，推动农村产业规模化、集约化、融合化发展，并量化为农村集体和农村居民的股权，按股分红，以此盘活农村闲置资源，发展并壮大农村集体经济，提高农村居民收入。

“资金变股金”的核心是让“零散资金”变成“增值资本”。这一转变是通过改革将农村的各类资金整合起来，入股到新型经营主体中，在不改变资金使用性质和用途的基础上，提高农村资金的边际收益和利用效益，并量化为农村集体和农村居民的股金，按股分红，以此变农村集体和农村居民“一次性”投入为“持续性”增收，形成增收的长效机制。

“农民变股东”的核心是增加农村居民的收入渠道。“资源变资产”和“资金变股金”，主要是引导农村居民将自身拥有的土地、资金、资产、技术入股到新型经营主体中，成为股权人，按股分红。同时，农村居民是农村集体的组成部分，在农村集体产权制度改革背景下，将农村集体资产量化到农村居民个体。所以，即使农村居民自身所拥有的资源没有入股到新型经营主体中，只要农村集体的资产入股到新型经营主体中，农村居民依旧是股权人。通过入股的方式，改变农村居民的投资结构、就业结构和收入结构，实现农村居民有效分享产业链和价值链中的利润收益，提高农村居民的财产性收入。

【资料来源：张应良，徐亚东．农村“三变”改革与集体经济增长：理论逻辑与实践启示［J］．农业经济问题，2019（05）：8－18. DOI：10. 13246/j. cnki. iae. 2019. 05. 001.】

在合作社与公司的根基稳固之后，镡仲峰开始在电商领域放手尝试。鑫园是陇南第一个注册了阿里巴巴 1688 的企业，同时鑫园开通了企业微博，注册了“鑫园中药材”微信公众平台。与大多企业不同，鑫园还在陇南市华昌电商孵化园开了一家线下实体体验店，走了一条线上线下融合发展的新路子。“泰山不让土壤，故能成其大；河海不择细流，故能就其深”，依赖于稳固的企业模式和合作社根基，鑫园公司迎来电商的第一个“双 12”。在这个促销季里，网店在线交易额超过了 21 万元。

从发展的过程来看，鑫园合作社从成立到现在一共走了四步：

第一步是建设示范基地，引导农户种植，通过土地流转增加了农民的收入，同时为当地的留守妇女和老人提供了就业平台，使他们在务工的同时，学会了中药材种植技术，农户利用撂荒地、闲散劳动力发展了产业，为自身造血。第二步是为了让农户产业发展有依托有保障，解决买药难问题，合作社将农户手中的中药材回收进行初级加工。由于市场风险较大，合作社不能科学健康地发展，于是镡仲峰走了第三步——延伸产业链条。第三步是进行产品深加工，提高产品附加值。公司把中药材桔梗做成了桔梗菜，蒲公英加工成了蒲公英茶，把核桃加工成了各种不同口味的产品，既为电商提供了充足的货源，也促进了企业的转型升级。第四步是“抱团发展、‘三产’融合”。产业联合发展是与其他经营主体进行联合，共建产业基地，提高当地产业的竞争力，结束产业恶性竞争、无序发展的局面。

2022 年，鑫园合作社不断创新发展机制，抱团发展，突出联农带农。深入推进产业联合基地建设，在全县范围内联合其他农业经营主体建成了 4 处产业联合基地，把中药材初加工产业链前移，建在村组一级。基地在种植、采收、加工的过程中，吸纳周边农民务工，为当地群众提供了一个就近务工的平台，同时基地为当地农民提供了一个技术培训平台，在务工的同时，农民还可以学习种植技术。另外，镡仲峰还建立了试验示范种植平台，通过引进新品种，试验示范种植，为产业发展积累技术基础，试验成功后将新品种作为订单进行推广种植，为当地提供持续化、无风险增收产业，增强了农民发展产业的信心。

六、任重而道远

2023 年是鑫园成立的第十一个年头，“骐骥一跃，不能十步；驽马十驾，功在不舍。”镡仲峰用他的勇气和智慧带领鑫园公司走上了一条富有挑战的发展之路。通过不断探索和实践，鑫园公司在当地农民的支持下，催生了规模化发展的中药材产业。农村已撂荒的土地又在鑫园公司的带动下发挥了应有作用，又开始焕发出勃勃生机。

在这个产业繁荣的同时，鑫园公司也为留守妇女和老人提供了经济收入，让他们不再感到无助和孤独。农户的经济状况也得到了改善，使当地脱贫攻坚的任务顺利完成。然而，镡仲峰并没有止步于此，他依然奔波在产品升级和电商渠道提效的道路上。

未来的挑战依然严峻。乡村振兴计划是一项重要的国家战略，在新时代背景下，鑫园公司还会面临新的情况和问题，还会受资金、规模、人才、产品等多方面的制约。未来如何面对新情况新问题？如何突破资金、规模、人才、产品等方面的制约呢？相信镡仲峰定会继续引领着他的团队，勇往直前，开创出更加辉煌的未来。

人物

镡仲峰，男，汉族，1971年10月生，甘肃省陇南市成县人。成县第十六、第十七届人大常委会委员，陇南市第五届人大代表，成县工商联第十二届“非公经济”副主席，陇南市工商联第六届执委，成县电子商务商会会长，成县青年创业联盟顾问，陇南师范高等专科学校创业导师。

1991年毕业于成县化垭农职业中学，毕业后，先后在外务工，回家搞养殖，当过电工，从事过客运等工作。于2012年创办成县鑫园中药材种植农民专业合作社，任理事长至今。2015年成立甘肃鑫园药业有限责任公司，任公司总经理至今。先后六次前往复旦大学产业学院、中国农业大学、半汤乡学院、西北农林科技大学、西南财经大学、西北师范大学参加秦巴山区科技特派员农村科技创业骨干培训班学习电子商务、企业经营管理、投融资等课程，圆满完成了学习任务，取得了“优秀学员”的称号。先后被评为首届感动成县道德模范十大人物“脱贫攻坚道德模范”、第五届陇南市“道德模范”、陇南市“2018年度电商扶贫英雄”；获得成县“2018年度脱贫攻坚先进致富带头人”“2019年全国农村电商致富带头人”“2019年陇南市优秀人才”“2020年全省脱贫攻坚先进个人”等荣誉称号；2021年被评定为农民高级农艺师；2022年被聘为陇南市乡村振兴科技服务团专家。

媒体报道

在中药材产业持续增收、稳定发展的基础上，2021年，镡仲峰又开始建立羊肚菌联合种植基地，通过调整产业结构，不断增强合作社和公司的抗市场风险能力。2020年，时任甘肃省省长唐仁健在合作社调研时给予该基地高度评价，称其为“小而美、小而精、小而全”。

【资料来源：省人大代表镡仲峰：一条心、一条路、一件事，代表风采，甘肃人大网（www. gsrdw. gov. cn）.】

案例 7

成县“同谷家裕”的生存之道*

您品尝过枣夹核桃吗？它是一种融合传统与创新的美食，以其独特的风味和营养价值，深受市场的青睐。香甜的枣与略带苦涩的核桃的完美结合，不仅创造出了一种令人难以忘怀的味道，而且象征着生活中甘甜与挑战的和谐共存。“三只松鼠”“良品铺子”“好想你”等品牌商都推出了枣类核桃产品，并在市场上占据了显著的地位，成为这一美食的代表和推广者。

虽然已有众多品牌商涉足枣夹核桃市场，竞争已进入白热化阶段，但“同谷家裕”的掌门人张会林认为，挑战与机遇并存。只有通过产品差异化和全渠道营销的策略，才能在市场中占据一席之地。

---

* 本案例由管新帅、罗一鸣撰写，作者拥有著作权中的署名权、修改权、改编权；本案例的撰写及发表已取得相关企业及案例当事人授权；由于企业保密的要求，在本案例中对有关名称、数据等做了必要的处理；本案例仅是关于企业发展历程的描述与讨论，并无意暗示或说明某种管理行为是否有效。

张会林巧妙地将传统与现代融合，创造出具有特色的枣夹核桃产品，利用线上线下的多种销售渠道，扩大品牌的影响力和市场覆盖率。通过不断探索和创新，“同谷家裕”逐步成长为市场上强有力的竞争者之一。

“同谷家裕”的故事，正如枣夹核桃的味道，充满了甘甜与挑战，展现了现代商业环境中传统与创新的和谐共融。“同谷家裕”终于在激烈的市场竞争中找到自己的生存之道。

枣夹核桃早已成为风靡全国的流行小吃，“三只松鼠”“良品铺子”“好想你”等品牌商的产品更受市场青睐。2006 年，山西省中阳县 30 万亩红枣成熟，汾阳县核桃丰收卖不出去，于是就有人想出了这个创意：把红枣刨开，把核桃夹在红枣里面一起吃。口感上，红枣的甜巧妙地掩盖了核桃的涩，而核桃的脆也中和了红枣的糯，红枣和核桃自带的营养属性相互加持，使该产品一经推出就获得了巨大成功。一时间市场上各种品牌的枣夹核桃琳琅满目，好生热闹。

但是由于枣夹核桃的制造工艺简单，生产门槛较低，随着大量厂商的加入，产品利润率不断下降，枣夹核桃的生产也逐步趋于平淡，市场需求连年萎缩。近些年，这股潮流似乎已经过去了。但没想到的是枣夹核桃如今却成为成县家裕生态农业有限公司的拳头产品，其市场反响较好，成为公司主要的利润来源，其销量长期数倍于其他产品。

这样一个在市场上已逐渐低迷的产品，却被“同谷家裕”做成了一枝独秀。“同谷家裕”究竟用了什么方法？公司的当家人张会林究竟有什么与众不同的地方？地方特色农产品的营销又是如何实现提质增效的？

一、返乡创业

（一）子承父业的梦想

张会林出生在中医世家，少年时便立志从医，2003 年他从陇南卫校毕业后，继续四处寻医，拜师学艺，希望学有所成，以实现自己独立开诊所的梦想。然而，成长从来不是一帆风顺的，几经周折，张会林并没有如愿进入中医行业，只能走南闯北四处打拼。他在北京修过地铁站，在兰州摆过地摊，在山西挖过煤，也在家乡的小城里收过“破烂”。

就这样，转了一大圈之后，张会林也积累了一些本钱，虽然不能治病救人，他还是决定从事与自己专业相关的事业。返乡后他开始逐步涉足中药材的收购与加工，并自学各类中药材的种植技术。

甘肃省是全国药材主要产区之一。目前，甘肃省传统大宗中药材种类有当归、党参、黄（红）芪、甘草、大黄、丹参、赤芍、升麻、柴胡、地骨皮、茵陈等，其中当归、党参、板蓝根、大黄和甘草等品种的产量约占全国的比例分别为 95%、60%、50%、60% 和

25%以上，是甘肃省最具优势的中药材品种。

陇南地处亚热带、暖湿带栽培区，非常适合中药材的生长，其中，西和县被称为“中国半夏之乡”，礼县又素有“大黄之乡”的美称，而且已获农业农村部“特产之乡”的认证。

【参考阅读】

“十三五”期间，甘肃省中医药产业蓬勃发展，中医药产业被确定为全省推动绿色发展崛起的生态产业之一。甘肃全省中医药全产业链的产业规模达到525亿元，其中，中药材种植面积470万亩，标准化种植面积达200万亩，产量132万吨，产值157亿元；规模以上中医药（含相关产业）工业企业87户，完成营业收入118亿元；建成道地药材品种优势种植基地13个、产业园区4个、专业交易市场5个、健康旅游示范基地7个；中药材静态仓储能力100万吨，年交易量约150万吨，交易额250亿元。

中医药人才队伍不断壮大。2020年全省中医药从业人员达18728人，比2015年增长27.79%，中医类别执业（助理）医师15651人，比2015年增长29.77%。开展第三批五级师承教育，培养中医药继承人1841名，全省五级师承教育出师人员达8123名。举办“西医学中医、中医学经典”培训班，累计培养中医药人才6000多名。

中医药科研能力持续提升。完成甘肃省第四次全国中药资源普查工作，普查中药种类3135种。建立省级重点实验室10个、工程技术中心10个、国际科技合作基地3个。初步建成陇药产业创新研究院，新建或新认定中医药产业领域省级以上的创新平台26个。全省中医药科研立项947项，科研获奖253项，实用新型专利270项。

【资料来源：关于印发甘肃省“十四五”中医药发展规划的通知（gansu.gov.cn）.】

经过多年的积累，2013—2015年，张会林不仅建立了中药材加工基地，并依托合作社积累的货源、人脉等优势，注册成立了成县家裕生态农业有限公司。这是张会林真正意义上的第一份事业，虽然与他原来的悬壶济世的理想有些差距，但也算是慰藉了子承父业的部分心愿。

（二）借力合作社

创业之初，张会林主要从事中药材的收购与销售工作，从中赚取一些差价。在经营的过程中，张会林渐渐发现地方药农往往不懂种植中药材的技术，也不懂市场，所以中药材的种植规模相对较小，销售管理水平也较低，成本却偏高，在市场中并没有太大的竞争优势，自然也不可能有太多利润。长此以往，药农对产业与市场的信心必然不足，药材收购与销售只能随行就市。为了打破这种局面，张会林打算成立合作社，把周围的药农组织起来，分工细作，提升效率。

张会林向编写组介绍公司发展情况

2017 年，张会林成立了成县家裕种植农民专业合作社，与当地药农签订中药材种植协议，并免费为周边村 185 户村民购买种植保险，发放中药材种子和专用肥，提供技术服务。这样一来，农户的种植成本降低了，增强了信心，同时，合作社因为规模优势，在药材市场上也有了一定的影响力，农户的药材也卖到了更好的价格，农户切实得到了实惠。

“我种过党参、黄芪、柴胡……总之，什么价钱好就种什么，跟风种植，但咱没技术也不懂市场，两年时间内把在外面几年打工挣的钱基本赔了个差不多。现在好了，加入了合作社，我再不用担心没有技术，管理不好了，也不用操心卖不动了，仅种植桔梗这一项，我一年就收入了 10 万元。我还在合作社组织起了一个 50 人的挖药队，队里每个人每月能拿到 2400 元左右的工资。自从加入了合作社，收入比以前增加了不少。”合作社成员陈义强高兴地说。

随着合作社不断发展，张会林逐渐采取了“公司 + 合作社 + 农户”的发展模式，力求进一步延伸产业链，增加附加值，走上了“农户种植 + 企业收购 + 粗加工 + 销售”的一体化发展模式。为了进一步增强农户的种植信心，降低农户销售成本，张会林还坚持把药材初加工工厂建在农村，并配套了 1000 吨的产地通风阴凉库，实现了农户药材就地销售，就地加工，就地变现，在减轻农民负担的同时，把就业岗位送到了群众家门口，让群众实现“挣钱顾家两不误”，实现了群众和合作社的双赢。几年下来，在张会林的影响和带领下，截至 2018 年鸡峰镇已经完成种植中药材 780 亩，核桃园 1500 亩，中蜂养殖 800 箱，全镇 27 个村 444 户、2. 8 万人直接受益。仅中药材一项，金葡村村民年收入多的有十几万元，少的也有五六千元。

二、特色与差异化

（一）地方特色农产品

接触药材生意时间长了，张会林渐渐发现甘肃中药材种植的规范化、标准化水平较全国而言依然较低，且药材流通信息体系建设比较滞后，药材初加工工艺也相对落后，由于甘肃当地新药研究开发能力不足，生产的基本特点多为物理变化（如清洗、烘干、切片等工艺），少有化学变化（如提纯、萃取、合成等工艺），附加值不高，门槛低，竞争激烈。这一系列的问题都导致中药材的种植与销售会面临一些瓶颈问题，且脱贫之后如何致富的问题也摆在眼前，所以张会林认识到合作社必须找到新的销售增长点，于是他开始尝试在地方特色农产品上做文章。

成县作为“中国核桃之乡”，这里的核桃果实饱满，质量上乘，深受市场热捧。从核桃中看到了商机的张会林说干就干，租赁了800多平方米的加工场地，和公司的研发团队一起，开始了核桃系列产品的开发，特色化发展就此起步。那时候的张会林也没有想到，从此他与电商结下了不解之缘。

（二）寻求产品差异化

在张会林及其团队借助地域农产品优势生产核桃系列产品时，一款将核桃和红枣组合起来的产品——枣夹核桃，正在网络上“大红大紫”，各大销售平台的销量居高不下。枣夹核桃这个产品的跨界思维其实很简单，就是将大众比较喜爱的红枣和核桃产品组合在一起。枣夹核桃这款产品的口感确实极好，光吃枣太甜，单吃核桃太涩，两种混合在一起，既不涩也不太甜，口感非常好，且红枣、核桃的独特功效早已深入人心，所以枣夹核桃一经推出便广受大众消费者的喜爱。但是，枣夹核桃的生产工艺门槛并不算高，所以一时间有大量的农产品加工企业都跟风生产。面对现成的流量热度，张会林也决定试一试。

在尝试生产枣夹核桃之初，张会林发现工艺的问题并不难解决，反而因为其进入门槛较低，同类产品的竞争压力非常大，这才是产品入市后所面临的最大问题。后来，张会林深入调研了市场上现有产品的相关信息，他发现，主流市场上的枣夹核桃产品竟然同时有百余种不同品牌，其中，新疆和山西的品德最为突出，类似“三只松鼠”“良品铺子”之类的强势品牌也参与其中，价格各异、产品花样繁多，市场竞争程度空前激烈（见表1）。

表1　　　　产品价格及产地

品牌	重量（克）	到手价（元）	产地
三只松鼠	750	44.9	河北
佳洲	500	24.8	新疆
宝珠山	1000	38.9	山西
希农	750	39.9	山西
良品铺子	700	44.9	湖北
老街口	250	17.9	浙江
冠炎	500	29.8	新疆
和香玉	500	19.9	新疆
百草味	758	39.9	山东
好想你	770	49.9	河南

数据来源：作者根据2022年淘宝、天猫平台检索汇总。

其中，“好想你”“三只松鼠”凭借品牌营销在市场竞争中遥遥领先，其他品牌的产品则多以价格竞争、渠道竞争为主。张会林深刻地感受到，要想在这个市场有一席之地是非常困难的。在品牌营销方面，资金投入比河北、湖北的竞争对手要少得多，同时，营销理念创新的底蕴和策略与河南这个打响中国“商战”第一枪的中原省份也不在同一起跑线上。所以，唯有在产品差异化上做文章，才有一丝希望。

通过调研，张会林发现，市场上现有产品的红枣原料普遍来自新疆和山西两个地方。这两个省份自古都是红枣的重要产地，且第一个生产枣夹核桃的就是山西，相关原材料产业较为完善，具有一定的先发优势，而新疆的红枣价格则相对较低。再看核桃，核桃的品相各异，普遍就地取材，商家追求的是低成本，但销量较好的龙头品牌普遍选择个头较大的和田大枣和薄皮核桃，其制作的工艺相对规范，且食用口感更好。

“创新，同时意味着毁灭”，在不断实践的过程中，张会林决定反其道而行之，在产品创新方面，他尝试了各种红枣，最后决定采用小红枣。一是价格较低，更重要的是，小枣夹核桃的口感更好，适合像他一样西北人的性子，一口一个，又易于感知核桃与枣中和的味道，避免了大枣过厚的肉质不利于咀嚼的问题。另外，小枣夹核桃对于牙口不好的消费者和小朋友而言更为友好。

核桃方面，成县核桃富含氨基酸，比国家标准高出 10% ~20% ，其中锌含量每千克达到 38 毫克，高于其他地方的核桃 6 毫克，天然的产品优势和家乡情怀使“油核桃”成为独一无二的选择。由此，新疆小枣加成县“油核桃”的全新产品诞生了。正如张会林预见的那样，这个奇妙的组合深受当地消费者喜爱，试吃后大家无不拍手称赞。

三、全渠道营销

（一）互联网不等于流量

产品出来之后，张会林便开始思考如何更好地把产品卖出去的问题。商业不外乎先买后卖、低买高卖、反复买卖，到了互联网时代的今天，信息的低成本传播大大地加剧了商业的竞争属性，单纯地利用信息的不对称去思考现代商业的问题显得有些捉襟见肘，信息流已无孔不入。

为了更好更快地筛选这些信息，今天的消费者一般根据自身偏好进行选择、消费，所以新产品在短时间内很难被接受，要想破局发展需要付出巨大的营销费用，这对于刚刚起步的张会林来说是无力承受的。转战线上渠道，成熟的平台往往流量先行，而要换得流量又需要大量的真金白银，所以对于起步阶段的小微企业来说，想要依托淘宝等平台渠道大量销售产品也是难上加难，可见互联网也并非万能。

但是，不得不承认，互联网带来了一场巨大的革命，今天的商业竞争之中，顾客变了，竞争者变了，合作伙伴也变了，企业的营销也必须变革，那么企业该如何变革才能避免陷入“不变革等死，变革找死”的尴尬境地呢？张会林遇到了前所未有的困难。但是企业还得运转，更何况企业后面还有合作社和父老乡亲的信任和期盼呢。

（二）多渠道引流

俗话说：“不怕慢，就怕站！”与其思考规划，不如忙碌奔波起来。张会林为了销售自己的产品不放过任何可能销售的渠道，哪怕销量再小他都愿意尝试，首先在淘宝、微信小程序上开起了网店，起名为“同谷家裕”，又在药材加工厂旁建起了线下展厅，还常常奔波于省内各大展销会、企业年会，或以参展商家、伴手礼赞助商家的名义推销自己的产品。不仅如此，他还利用地方政府推出的优惠政策，积极与陇南的电商同行合作，让利并借助一些同行的渠道销售自己的产品。微信朋友圈更是他展示产品信息的主力，很多亲朋好友和合作社社员也纷纷加入，做起了微商和直播带货，想尽一切办法扩大产品的知名度和消费的可能性。总之，他走的是一条“全渠道”营销之路。在大家的努力之下，“同谷家裕”的枣夹核桃渐渐地在陇南有了一定的名气，一些线下商家、超市也逐渐成为其销售的渠道，产品销售有了起色。

电子商务环境下，传统零售企业不仅要利用网络营销渠道，更要利用电子商务工具对零售企业的经营理念进行变革。早在 2013 年，凯捷集团对全球 16 个成熟市场和发展中市场共计 1.6 万名购物者的调查显示，购物者不再对单一渠道过度依赖，而是希望通过网络媒体、社交媒体、移动终端和实体店等多种企业营销渠道形成无缝集成。社交媒体、移动终端和实体店内自助终端越来越成为大部分年轻主力消费者的采购渠道。

与此同时，企业后台可针对每个用户的需求提供精确化、个性化的购物体验，大大加快了消费者的购物速度。互联网、大数据、云计算等技术的应用，不仅改变了用户的消费行为，挖掘出众多新的消费需求，也使零售企业精确且快速地满足用户的需求成为可能。电子商务零售和传统零售相融合是一个渐进的过程，线上购物的便捷性和线下门店的购物体验相结合，以消费者需求为主导，以信息技术的革新为助推力，构建“超级店＋社区店＋网店（电脑＋移动终端）＋物流配送网络”的“全渠道”营销模式，将成为现代零售企业的发展关键和方向所在。

当然，如果把“全渠道”理解为全部的分销或销售的通路，是从单渠道、多渠道、跨渠道演化而来的，这个思路已经不适合今天的营销实践了。早有学者认为，“全渠道”不仅包括全部商品所有权转移的渠道，也应该包括全部的信息渠道、全部的生产渠道、全部的资金（支付）渠道、全部的物流渠道，甚至还包括全部的顾客移动的渠道。个人或组织为了实现目标，在全部渠道（商品所有权转移、信息、产品设计生产、支付、物流、客流等）范围内实施渠道选择，然后根据不同目标顾客对渠道类型的不同偏好，实行具有针对性的营销定位，并匹配产品、价格等营销要素组合策略。可见，要进一步降低营销成本，形成产品销售的良性循环，在“全渠道”

营销上，张会林还有很长的路要走。

四、光荣与梦想

随着销路的初步打开，在市场这位“老师”的不断引导之下，张会林慢慢地形成了自己的生存之道。在前期生产销售的基础上，他又开启了网货研发的脚步，并不断解决产品供应链、物流快递以及售后服务保障的问题，并建立了产品检测体系，引入产品溯源，保证农特产品的食品安全。从最初的枣夹核桃，到后来的琥珀核桃仁，通过不断尝试，目前张会林的公司已经成功研发出包括枣夹核桃和琥珀核桃仁这两款主打产品在内的 8 款共 12 个品种的核桃系列网红爆款产品。

“我们目前已入驻淘宝商城、拼多多商城、微信商城、天猫旗舰店等各大知名线上平台，而且有了 2000 多人的代理分销团队，代理覆盖陇南、兰州、西安、上海、北京等全国 23 个省市，并通过电商进行线上销售，一年下来销售额达 1000 多万元。”张会林说。

一分付出，就有一分收获。2018 年 8 月，张会林登上了在北京召开的中国智慧“三农”乡村振兴带头人峰会的讲台，现场分享创业感受，而且公司也被评为“2018 年度扶贫助农突出贡献企业”；同年 10 月，他在第二届中国农村电子商务大会上又被授予“全国百名农村电商致富带头人”荣誉称号；还被授予陇南市优秀人才、“感动成县”第四届道德模范、全县十佳核桃畅销大户”等诸多荣誉称号。其企业也获得“甘肃省电商扶贫优秀企业”“全省优秀乡村就业工厂（车间）”“甘肃省省级农民专业合作社示范社”“全县电商奋进奖”等称号。

“长安何处在，只在马蹄下”，“同谷家裕”的生存之道是在一个个的问题中一步步地踏出来的，如今，站在“全渠道”营销的初级阶段，面对乡村振兴的契机，如何处理线上线下冲突、进一步优化营销模式将是张会林必须直面的新课题。也许这一切都不会是问题，在实践中还会有更多的“道”被他写在“秘籍”之中，因为面对家乡，总会有那么一种心境叫作“晚烟十里归城路，不是桃源也自迷”。

人物

张会林，1981年出生于鸡峰镇金葡村，2003年毕业于陇南卫校。成县电商副会长。之前，张会林做过小买卖，干过个体户，还收购过农副产品和中药材。2013年组建中药材加工基地。2015年注册成立成县家裕种植农民专业合作社，主要经营中药材初加工和以核桃为主的农副产品购销，2017年成立成县家裕生态农业有限公司。

媒体报道

他在穷通之间，坚守着永不言弃的初心、医者仁心的胸怀、为人为己的情怀，志存高远、自强不息，以踏石留印的恒心、创业创新的勇气，投身于扶贫济困的事业，立足陇南，服务地方，可谓是千淘万漉虽辛苦，吹尽狂沙始见金。他用奋斗的青春，彰显了生命的光华。

【资料来源：张会林：不负新时代　勇做创业人_成县（sohu. com).】

案例 8

陇南祥宇橄榄油的共同富裕之路*

祥宇橄榄油，这家坐落于中国陇南市的企业，以其卓越的油橄榄而蜚声遐迩。它的成长历程不仅是一段商业佳话，更是一曲共同富裕的赞歌。在这个故事中，祥宇以其对市场的深刻洞察、对品牌的精心塑造、对产品的不懈创新，昭示了企业如何在繁荣中承担社会责任，在发展中促进地区共同富裕。这不仅是一个关于产业发展的故事，更是一次对和谐社会理念的深刻探索，展示了一个企业在产业发展与共同富裕之间找到平衡点，实现真正意义上的共赢。

* 本案例由管新帅、罗一鸣撰写，作者拥有著作权中的署名权、修改权、改编权；本案例的撰写及发表已取得相关企业及案例当事人授权；由于企业保密的要求，在本案例中对有关名称、数据等做了必要的处理；本案例仅是关于企业发展历程的描述与讨论，并无意暗示或说明某种管理行为是否有效。

在地中海的怀抱中，橄榄树沐浴着阳光，在碧海的陪伴下，静静生长，硕果累累。那里的夏季炎热干燥，冬季温和多雨，为橄榄树提供了生命的养分和成长的环境。如同智者的领悟，油橄榄的果实不需过多修饰，便能转化为珍贵的橄榄油，被誉为“液体黄金”。同样，陇南市武都区，这片东方的沃土，与地中海有着异曲同工之妙，它的气候、土壤与地中海沿岸惊人的相似，成为中国油橄榄的黄金生产地。在这里，祥宇公司如同沃土中生长的橄榄树，吸取着自然与智慧的养分，生根发芽，茁壮成长，结出丰硕的成果。

【参考阅读】

关于橄榄树的起源可以追溯到古希腊神话。据希腊神话的记载，橄榄树诞生于一场战神雅典娜和海神波塞冬的冲突，在冲突中，橄榄树最终成为和平与繁荣的象征。

故事是这样的，一天，雅典娜请求父亲将希腊的阿提卡半岛赐给她，这激怒了排队等待册封很久的海神波塞冬。于是，一场围绕着阿提卡半岛领地的战争最终爆发，对阵双方都是无比强大的万神之神。宙斯忽然间陷入了两难境地，一边是女儿，另一边是亲兄弟，选哪个好不选哪个好呢？一番思索之后，他想到了一个裁决领地归属的方法：双方各自为领地提供一个最有用的礼物，然后让其他众神组成评委团选出最好的那个，谁提供了最好的礼物，谁就最终获得此块领地。波塞冬用三叉戟轻轻一点石头，生出了一个众神从来不曾见过的生物，它就是世上第一匹马，象征着勇敢和战斗实力。

从那以后，世间开始有马匹帮助人类。雅典娜也不甘示弱。她用矛轻触大地，神奇的一幕发生了，地上长出了世上第一棵橄榄树。橄榄树代表繁荣和和平。

最后，众神一致认为雅典娜的礼物对阿提卡半岛更有益处。于是，阿提卡半岛被册封给雅典娜，此后，为了纪念雅典娜女神的贡献，阿提卡半岛更名为雅典。但是雅典娜和波塞冬的冲突并没有因为竞争结果的出炉而结束。不久，波塞冬的一个儿子试图摧毁雅典娜之树，即橄榄树，不料他却因此而受伤，最终死去。为了更好地保护神圣的橄榄树，雅典的居民们在橄榄树旁设了一圈卫兵日夜站岗守护。相传，至今，世间第一棵橄榄树依然矗立在那个地方。在古雅典和希腊，人们对橄榄树视若珍宝，并立法保护，任何人胆敢损害橄榄树都会被判死刑。

此后，人们发现，橄榄树不仅是产橄榄榨油的植物，还可被用来治愈疾病，给皮肤保湿，用在重要的节日庆典场合（比如在古代奥运会庆典），当然，更普遍的用法就是在饮食上面，而且一直延续至今。一直持续到基督徒接过统治罗马的权杖。

【资料来源：橄榄油的历史与文化，知乎（zhihu. com).】

一、找准竞争优势

（一）产品定位

橄榄油诞生以来，市场上按其品质，通常把它分为四个级别：

第一种是特级初榨橄榄油，也是橄榄油中的顶级油，此类油来自种植园的庄园，手工采摘，现场榨油，品质顶级，酸度小于0.8%，但产量很小，国际市场每斤售价通常要达700～1300元人民币；第二种是初榨橄榄油，酸度小于2%，采用物理冷榨工艺从鲜果中分离所得的橄榄油，可以食用，但是在营养价值、理化指标和口感风味上不如特级初榨橄榄油；第三种是精炼橄榄油，其酸度不超过0.3%，是将初榨橄榄油经过精炼制取的油品，多用于美容、工业等领域；第四种是混合橄榄油，是由精炼橄榄油添加部分特级或初榨橄榄油混合而成的，有些品牌也称其为“纯橄油”或“传统橄榄油”，此类油多以勾兑为主，价格低廉（见图1）。

橄榄油的分类

国际橄榄油协会根据严格标准将橄榄油分为4个级别

特级初榨橄榄油
其酸度小于0.8%，采用物理冷榨工艺从鲜果中分离出来的头道果汁油，无添加，果香浓郁，可以直接饮用，是品质最好的橄榄油。

初榨橄榄油
其酸度小于2%，采用物理冷榨工艺从鲜果中分离所得的橄榄油，可以食用，但是在营养价值、理化指标和口感风味上不如特级初榨橄榄油。

精炼橄榄油
其酸度不超过0.3%，是将初榨橄榄油经过精炼工艺制取的油品，多用于美容、工业等领域。

混合橄榄油
是精炼橄榄油添加部分特级或初榨橄榄油形成的混合油，有些品牌也称其为“纯橄油”或“传统橄榄油”。

图1　橄榄油级别分类

祥宇在诞生之初便将自己的产品定位于高端市场。在董事长刘玉红看来，一是祥宇背靠产地，生产特级初榨橄榄油优势明显，同时，只有瞄准高端，才能发挥产地优势，卖上个好价钱，帮助父老乡亲脱贫致富；二是高端消费人群占比较少，瞄准高端市场可以减小祥宇橄榄油产能较低的劣势；三是高端人群往往有高端人群消费的特点，更容易做到精准营销，从而更好地控制营销成本，使公司度过最为困难的发展初期。

（二）扩张发展

在这样的认知指导之下，祥宇很快取得了不错的成绩，供销两端均热情高涨。随着武都区油橄榄种植面积的不断扩大和前期种植的橄榄树逐渐进入盛果期，橄榄果的产量连年翻番，董事长刘玉红认为是时候考虑扩大规模的问题了。

【参考阅读】

1963 年 12 月 31 日，周恩来总理到阿尔巴尼亚访问，目睹了郁郁葱葱的油橄榄树和悠久的油橄榄文化，给周总理留下了深刻印象。周总理详细了解了有关油橄榄的一些情况后，决定引种油橄榄。阿尔巴尼亚部长会议主席谢胡得知这一消息后，立即于 1964 年 1 月 19 日派一艘专用船“维罗娜”号和两位高级技术员将 10680 株 4 个品种的种苗运往中国。1964 年 2 月 18 日到我国湛江港后，随即空运分发到长江以南 8 个省（区）12 个种植点。这是当时我国规模最大的政府间引种活动。1964 年 3 月 3 日，周总理亲临昆明海口林场油橄榄种植点，与阿尔巴尼亚两位专家和少先队员们共同栽下一株中阿友谊树——油橄榄。

陇南从1975年开始引种，其产业经历引种试验（1989年以前）、丰产推广示范（1990—1998年）、规模化开发（1999年至今）三个阶段。时任中共中央政治局常委的宋平始终关注着陇南油橄榄的发展，2000年陇南被列为全国三大油橄榄生产基地之一。县领导立即成立了集科研、生产、示范为一体的"武都县油橄榄站"，祁治林成为首位站长。为了选一块适合油橄榄生长但又不挤占珍贵良田的地块，武都县经过了多年对比研究，最终选择两水镇大湾沟成为陇南第一个油橄榄园，创造了油橄榄引种4年结果的新纪录，打破了引种7年才能结果的定论。这是我国油橄榄引种史上的奇迹，也是世界油橄榄种植史上的奇迹。2003年被国家外国专家局评为"全国引进国外智力示范基地"，吸引了意大利、以色列、希腊等国专家前来考察，原联合国粮农组织官员布代尔也专程来考察。著名法国生物气候学专家尼贡教授说："中国引进并种植油橄榄是彻底改变世界植物地理学的一个社会的、农业的和生物气候学的事件。"2006年陇南市油橄榄获得了由国家市场监督管理总局颁发的"地理标志产品保护"专用标志。

【资料来源：王成章，陈强，罗建军等．中国油橄榄发展历程与产业展望[J]．生物质化学工程，2013，47（02）：41－46.】

“公司发展的初期，办公地点及生产车间设在陇南市区以西约10 公里处的城郊乡吉石坝村，占地面积约 20 亩。这是一个城乡接合部，每当晚秋油橄榄成熟时节，公司门口便拥挤不堪，甚至阻断交通。当时公司仅有一条日压榨 20 吨的生产线，是联合国粮农组织赠送给中国的第一台橄榄油压榨设备，后来因为闲置被公司购买辗转来到了陇南。”刘玉红说。

2009 年，祥宇在陇南市区东部的栈道湾征地新建了面积约 60 亩的生产厂区，新建车间安装了 2 条具有世界先进水平的德国福乐伟冷榨线，日加工鲜果能力达到了 460 吨，产能比公司成立时整整提高了 23 倍。

编写组走进祥宇公司园区

2015 年，公司再次决策，在陇南市区以东约 8 公里处的汉王镇新建了祥宇生态产业园，产业园占地面积 180. 86 亩，规划总投资 6. 82 亿元。园区全部建成后，企业综合产值将达到 8. 2 亿元，利税将达到 1. 06 亿元，新增就业岗位 500 多个。目前，一期工程“阳光工厂”已于 2015 年建成并投入使用，配套建设了综合办公楼、质检研发中心、动力中心等生产、生活保障设施。新建的阳光工厂总建筑面积 1. 4 万平方米，采用了环氧地坪，既干净卫生又美观养目。为了方便游客直观了解橄榄油压榨全过程，公司还设立了全封闭 360°玻璃参观通道，供客户现场参观。

（三）质量控制

规模化发展，质量先行。多年以来，在产品质量管理上，祥宇从未放松，采取了一系列措施，不断总结经验，精益求精，实现了层层监管、相互监督，确保了产品质量的稳步提升。一是引进先进质量管理模式，制定卓越绩效管理制度，进行系统的优化和部署。通过管理模式的全面诊断、组织培训、改进实施，改变了企业管理理念与效率；高度重视产品质量与服务流程，通过规范操作设计和实施，不断提升产品质量水平；重视员工素质的提升，不断规范人力资源管理和信息化建设；采取环保节能措施，降低生产运营成本。二是配备了专业的质检团队。对冷榨线、灌装线生产的每一个环节全天候实施监控，严格控制每道生产工序，确保产品质量零缺陷。三是多措并举提高产品质量。牢固树立“质量就是生命”的经营理念，致力于推动和规范中国橄榄油市场，为行业的可持续发展贡献了力量。多次派优秀员工前往油橄榄原产地国家学习橄榄油品鉴方法和先进的生产技术，已有八位员工取得了国际品油师资格证书；聘请IOC资深品油师帕布罗先生作为公司国际技术顾问，实现了与国际先进技术与管理方式的接轨；连续多年开展质量、食品安全、环境、HACCP等七项管理体系认证，实现了标准化、系统化的全面质量管理。

二、品牌建设

产品定位是企业品牌建设的先导。企业只有明确了自己的定位，才能有针对性地进行品牌建设，以定位为先导的品牌建设才能真正地发挥品牌的作用。刘玉红对此有非常明确的认知，好在前期的定位从发展结果来看还是好的。由此，她下定决心开始以营销宣传和社会责任为支撑，吹响了祥宇品牌建设的号角。

【参考阅读】

关于产品市场定位理论，在当代营销理论发展历史上，科特勒市场营销理论和艾尔·里斯的市场定位理论都是具有代表性的营销学术成果，二者各成体系，又相互联系。

菲利普·科特勒被誉为“现代营销学之父”，其对于市场营销理论的重新定义和系统阐述是对传统“4P”营销理论（Product：产品；Price：价格；Place：地点；Promotion：推销）的突破和创新。科特勒提出“优秀的企业满足需求、杰出的企业创造市场”，这一名言对当代社会营销思想变革具有深远影响。艾尔·里斯是市场定位理论的创始人，其因对营销学理论的创新而享誉世界。伴随着时代的变迁，全球范围内发达经济体和第三世界国家的市场环境都有了新变化，科特勒和里斯的营销理论、营销思想在学术界和实践界也逐渐引起了较大的争议。

从市场竞争视角看，科特勒营销理论的核心思想是客户和竞争，艾尔·里斯定位理论的核心思想是竞争，因此对市场竞争的重视构成了两种营销理论的交集。从客户心理视角来看，对客户心理的分析同样是艾尔·里斯市场地位理论的重要研究部分，而科特勒则强调研究客户需求，二人的研究其实是同源的，只是表现形式不同。研究客户心理正是为了更好地满足客户需求。

从差异需求视角看，科特勒的营销细分理论认为，消费者需求具有时间和空间层次上的差异，因此对应的市场营销行为也要细分，通过建立指标体系和区分指标大小来获得对目标市场的洞察力，进而得到结构营销效率。艾尔·里斯的市场定位理论发现了针对差异化需求而设立的“营销分化”组织途径，即针对客户心理变化而创新产品，目的是为市场引入更多新鲜元素，使社会消费心理的变化速度放缓。无论是产品市场还是货币市场，只有具备充分预期性和可测量性，营销行为才可控，科特勒的需求指标洞察力理论和艾尔·里斯的营销分化理论缺一不可。

从营销公关视角看，科特勒和艾尔·里斯在公关营销领域的见解共性多于分歧，艾尔·里斯在《定位：头脑争夺战》一书中这样定义了营销公关的重要性："公关对于营销就像是马对于骑士，骑士优秀要靠好马，营销成功要靠好的公关"；科特勒在《混沌时代的管理和营销》一书中也肯定了公关对营销的重要性，认为广告的发展并不能完全取代公关，在实体接触条件下，公关具有比广告更好的营销效果。

【资料来源：黄志勇．科特勒市场营销理论和艾尔·里斯市场定位理论一体化关系思考［J］．商业时代，2014（17）：74－75.】

在品牌传播方面，祥宇先后在央视 CCTV－1、CCTV－2、CCTV－13频道黄金时段播放祥宇橄榄油广告466次，累计触达9.8亿人次，覆盖2.03亿观众，使祥宇橄榄油的社会知名度大为提升。2019年12月，公司与新华社在京签约"新华社民族品牌工程·服务产业新锐行动"，新华社及其下属媒体将围绕中心、服务大局，助力企业高质量发展，合作协议签署后的数年来，新华社每年派出若干批记者深入祥宇公司及各油橄榄合作社，追踪报道公司榨季生产、疫情防控、联农助农、产业扶贫、荣获国际金奖等情况，起到了很好的宣传效果。尤其是2020年公司橄榄油在希腊获得双金奖后，"新华信用""新华社客户端""新华网""中国驻希腊大使馆""新甘肃客户端""兰州发布""中国兰州网""CCTV－7""人民日报""陇南发布官方号"等国家、省、市、区四级官媒和经济类多家媒体均对祥宇进行报道，影响巨大，其中"新华社客户端"报道的阅读量就达 126 万次之多。

与此同时，祥宇不断创新宣传机制，研究新思路、新举措，围绕公司重大活动、产品宣传、油橄榄知识普及，打出了不同时段的组合拳；在微信公众号、抖音、视频号发布各类宣传文章、视频资料；与陇南发布、武都发布等多家官媒开展合作，及时有效推介企业文化与产品；充分发挥公司文化长廊的窗口宣传作用，认真接待前来公司考察、调研、取经的每一位领导、游客，很好地展示了祥宇形象，宣传油橄榄产业；公司每年不定期邀请摄影家、诗人、书画家、作家进园区开展写生、创作，生产出了一大批讴歌祥宇、宣传油橄榄产业的好作品，积淀了丰厚的企业文化，为品牌打造起到了镀金、靓化作用。在产品设计上，公司更坚持高标准、严要求，精益求精，与国内知名设计公司开展广泛合作，先后完成了十多批次产品包装方案、广告宣传方案的策划设计，开发出了白玉瓶、有机庄园、1964 等高端产品。

三、社会责任与共同富裕

多年来，祥宇积极践行产业扶贫，提出“打造一个品牌、带动一个产业、造福一方百姓”的经营理念。在实践中通过不断摸索，祥宇总结出了一套联农带农模式，有效地发挥了对农户特别是脱贫人口和防止返贫监测帮扶对象的联结作用，带动农户参与产业发展、参加务工就业，使其更多分享产业增值收益，不断增强自我发展能力，持续稳定增加收入，更好地巩固拓展脱贫攻坚成果，全面推进乡村振兴。

一是积极推行“订单农业”，实现联农带农。祥宇公司采取“公司（协会）+基地+农户”“公司（协会）+合作社+农户”的模式实施“订单农业”。“公司（协会）+基地+农户”模式就是祥宇公司（祥宇油橄榄产业协会）与产业基地大户签订订单协议，大户联结农户（土地流转、代种代销）；“公司（协会）+合作社+农户”模式就是祥宇公司（祥宇油橄榄产业协会）与合作社签订订单协议，由合作社联结农户。按照以上模式，祥宇公司联结服务武都区、文县油橄榄种植面积 46.3 万亩（其中挂果面积 23.9 万亩），带动了 17 个乡镇、120 多个村社、6.9 万种植户近 29 万人发展油橄榄事业。近年来，祥宇公司累计向果农支付收购款 16.8 亿元。脱贫攻坚期间，在祥宇公司扶持带动下，4817 户 21678 人实现了稳定脱贫。2023 年祥宇公司与 76 家合作社签订了订单协议，惠及农户 4.2 万户，其中脱贫户（监测户）1.1 万户，户均油橄榄收入达 1.54 万元。“订单农业”中，祥宇公司对脱贫户做到了“四个优先”：优先收购脱贫户鲜果，确保脱贫户鲜果应收尽收；优先对脱贫户进行技术指导培训，确保脱贫户应培尽培；优先对脱贫户发放苗木及修枝剪，确保满足脱贫户所需所盼；优先对脱贫户实施项目支持，实施政府扶持项目、引水灌溉工程、土地整理施肥等，优先保障脱贫群众。

二是积极向农户发放优质果苗，实现联农带农。近年来，祥宇公司累计向农户发放油橄榄苗木 4.5 万株，扶持发展油橄榄 1605

亩，受益农户达920户，其中，脱贫户750户，有效解决了农户栽植优质果苗难的问题。同时，为便于果农保鲜运输油橄榄鲜果，祥宇公司出资购买专用果筐5万个，免费发放给群众使用，在方便果农的同时，进一步提高了橄榄果的采摘运输和保鲜效率。

三是积极吸纳农户尤其是脱贫户务工就业，实现联农带农。祥宇公司拥有佛堂沟油橄榄基地1处，基地面积1.35万亩。祥宇公司现有固定员工296人，到油橄榄榨季生产时节，每年临时用工2020人次。佛堂沟油橄榄基地有固定员工6人，还有季节性临时用工2220人次。公司每年吸纳务工人数达4240人次，其中脱贫人口占68%。近年来累计支付季节性用工工资2900多万元。同时，与祥宇公司签订订单协议的基地（合作社）平均每年吸纳务工人员3.5万人次。

四是积极开展技术帮扶，实现联农带农。每年派遣技术人员深入各村社，免费为果农提供高接换优、疏枝修剪、病虫害防治等技术服务，累计举办油橄榄种植、管护适用技术培训班120多场次，培训果农1.5万人，免费发放培训资料2.3万册。

五是积极开展项目帮扶，实现联农带农。陇南油橄榄多数栽植在山坡地带，立地条件差，灌溉设施和园区道路成了制约产业发展的瓶颈。近年来，祥宇公司积极向各级汇报，实施了万亩油橄榄上水工程，桔柑镇贺家坪、外纳乡崖角等5个村的1万多亩油橄榄园成为浇灌地，油橄榄鲜果产量逐年稳步提升；针对部分油橄榄园挂果率低的问题，争取提质增效项目，先后对三河镇小石村、外纳镇桃树坪村等村3000多亩低产园实施了改造，受到了农户的一致好评。

六是积极实施企业兴村带动工程，实现联农带农。自 2022 年以来，祥宇公司响应“万企兴万村”活动倡议，提出了“精选 10 个行政村、打造 100 个合作社、带动 1000 户种植户”的“十百千带动工程”计划，拟用 3 ~ 5 年时间持续实施扩面增效、示范带动、提高收入计划，对列入帮建计划的村、社、种植户在资金倾斜、橄榄园区综合管护、技术服务等方面给予大力帮扶，将这些村社打造为油橄榄种植示范村社，实现“企业稳定增效、农户稳定增收”的目标。

七是积极开展公益活动，实现联农带农。公司在不断发展壮大的同时，不忘应承担的社会责任，始终热心于各项公益事业。在助力乡村发展上，2021 年为武都区蒲池乡、坪垭乡两个村各捐赠 1 万元产业发展资金，在“光彩会宁行”活动中为会宁老区发展经济捐款 10 万元，2022 年为响应“万企兴万村”活动，向两个帮建村——武都区磨坝乡曹家湾村、裕河镇风屏村分别捐赠 10 万元物资、20 万元现金。在教育事业上，公司自 2013 年起在陇南市一中设立了“祥宇”橄榄奖助学金，每年捐助 10 万元，11 年来祥宇捐助的 100 多万元橄榄奖助学金已资助学生数百名。

由于公司在产业扶贫中的积极贡献，祥宇被国务院扶贫办确定为“全国脱贫攻坚考察点”，公司董事长刘玉红被评为“全国脱贫攻坚先进个人”“全国三八红旗手”“甘肃省优秀企业家”等。

多年的坚持，祥宇的名气越来越大，橄榄油行业中，祥宇逐渐和“中国原产，庄园世家，30 年坚守，二代传承，只为国人呈现纯正的油”的品牌内涵融为一体，祥宇的发展也走上了快车道。

四、产业化发展与共同富裕

产业化发展是一个企业真正成熟的标志，也是诸多企业家毕生追求的目标。在刘玉红看来，只有走上产业化发展之路，才能提高企业的市场地位，提升企业竞争力和品牌影响力，才能坚实带农扶贫、践行社会责任的脚步。

同时，产业化发展需要更加全面地考虑企业的市场定位、核心竞争力、合作伙伴关系、技术创新和产业生态系统等诸多因素。“其中，最重要的是核心竞争力，一切都以此为基础。祥宇的‘本’是产品，在进阶发展的过程中，我们一直都坚持先产品、后模式”，回忆公司融合发展战略总体思路确定时刘玉红说到。

（一）技术固本

“科技是祥宇产品质量不断提升的基本动力，同时也是产业链延伸的主要手段，”刘玉红说，“我总觉得除了向管理要效益外，依靠科技进步和创新是企业发展的关键。”

销售从来都不是企业保持核心竞争力的主要手段，祥宇以产品质量先行的产业化发展还得依靠科技的力量。

从发展历程来看，祥宇的科技先行主要从四个方面入手：一是不断革新生产技术，积极引进、消化、吸收国际顶尖技术。祥宇已进行了多项技术的自主创新和改进，建立起了适合中国主栽品种的特级初榨橄榄油生产加工技术规范和体系，多项技术达到国内领先、国际一流。

二是不断研发新产品。除了主打产品特级初榨橄榄油外，先后研发出了橄榄系列化妆品等美容产品，橄榄菜、拌饭酱、橄榄果等休闲食品，橄榄茶、橄榄酒等饮品，橄榄木艺品、胸针、耳坠等文创产品，其中，祥宇橄榄岷归软胶囊的出现填补了国内油类保健品的空白，获得了国食健字号批文，取得了发明专利。截至目前，公司拥有国际发明专利 1 项、国家发明专利 10 项、实用新型专利 24 项、外观专利 12 项，参与起草国标 1 项、行业标准 2 项，备案企业标准 7 项。

三是充分利用各类科技研发平台，借智借力开展科技攻关。为了推进科技进步，公司先后成立了中国油橄榄行业首个院士专家工作站、甘肃省油橄榄行业技术中心、国家油橄榄研发工程中心产品研发基地、甘肃省工业设计中心、甘肃省油橄榄加工技术与质量控制工程技术研究中心、甘肃省工程研究中心等科技研发平台，与兰州海关、甘肃省林科院、江南大学、甘肃农大、中国科学院兰州化物所等大专院校、科研机构开展了一系列的技术合作。2022 年与省林科院合作的科研课题“油橄榄产业升级关键技术研究与集成示范”项目荣获“甘肃省科技进步一等奖”。

四是牵头组建了国内首个油橄榄产业创新联合体，走出了科技合作的新路径。2022 年 4 月，祥宇公司在市委、市政府的大力支持和市科技局的精心指导下，联合 5 所高等院校、7 个科研院所、6 个油橄榄企业成立了“陇南市油橄榄产业创新联合体”，联合体聚集了90多位专家教授、技术人才，对油橄榄产业发展相关技术难题开展联合攻关，在社会上引起了巨大反响。2022年实施的科研项目“油橄榄鲜果收购及初榨橄榄油团体标准制定”“省级橄榄油检测重点实验室及标准化体系建设”“油橄榄遗传多样性分析及核心种质构建”“高产高含油率油橄榄品种选育研究”“油橄榄果及提取物地方特色食品来源原料申报与产品研发”“提高油橄榄鲜果加工出油率关键技术工艺改进研究及设备研发应用”“油橄榄有害生物调查及绿色防控技术试验研究”“利用油橄榄果渣开发生物有机肥和饲料的研发应用”等进展顺利。

（二）融合发展

祥宇始终恪守“先产品、后模式”的思想，多年实践下来，祥宇终于有机会触及自己产业化发展的理想了。

2022年，祥宇公司被陇南市委、市政府确定为陇南油橄榄产业链链主企业，要求公司开拓创新、作出表率。按照这一要求，公司提出了打造“有基地、有工厂、有文化、有科研、有服务、有收益”的一、二、三产业高度融合发展的“祥宇油橄榄庄园”的设想，并计划将庄园打造成“国家级乡村振兴示范点”。

庄园建设包括五个方面的内容：实施基地提质、增效、扩面工程，着力解决原材料供给短板；对现有生产线进行技术升级改造，新建经济社会效益俱佳的若干条生产线；着力提升“祥宇”品牌知名度，打造“文化祥宇”；进一步加强科技合作，努力打造“科技祥宇”；建设集田园风光、产业旅游、休闲度假为一体的康养基地。庄园建成后，企业年综合产值将达到4亿~5亿元，年利税将达到6000万~7000万元，可有效带动武都及周边油橄榄主产区28个乡镇200多个村社约35万果农，人均年增收2000~3000元，直接带动周边群众500~800人在园区稳定就业，帮助已脱贫户、三类户实现持续稳定增收，经济效益、社会效益十分显著。目前，“祥宇油橄榄庄园”建设规划已经完成，一旦资金落实即可开工实施。

同时，为了推进旅游产业与油橄榄产业的深度融合，2022年公司启动了祥宇油橄榄工业旅游景区打造工作，公司认真研究旅游景区质量等级管理办法等政策，从内外部交通、景点及服务设施、旅游安全、景区卫生、邮政电信、旅游购物、综合管理、资源和环境保护、资源吸引力、市场辐射力十个方面入手，全力开展打造工作，完成了“规划—打造—检查—整改—再检查—再整改—评审”八步工作，于2022年12月2日顺利获批国家AAA级工业旅游景区，使公司除了油橄榄加工企业外又新增了旅游企业身份，为未来全面发展奠定了基础。2023年10月，祥宇工业旅游景区又获批文旅部“国家工业旅游示范基地”。

五、问题与思考

在橄榄油的江湖之中从来都没有“无上心诀”，只有挑战与机遇。多年以来，祥宇从对市场的初步认知，到品牌的锐意打造，再到多元化的融合发展，每一步都如同攀登高峰的探险，既充满挑战，又充满机遇。深刻探讨祥宇橄榄油未来发展的挑战时，不禁想起“中庸之为德也，其至矣乎！民鲜能久矣”这句话，它提醒我们，品牌建设的持续性需要平衡创新与传统，如何在变化的潮流中保持自身的独特性与鲜明形象，始终值得我们思考。

“春水满四泽，夏云多奇峰”，变幻莫测的市场环境使企业不得不为了生存而不断地在差异化发展上做文章，然而祥宇应该如何去处理市场与核心价值稳固之间的关系，也是祥宇要探索的方向。

最后，面对国际化的浪潮，虽有“海内存知己，天涯若比邻”，但如何跨越文化与市场的隔阂，使品牌的光芒照进五洲，也是祥宇必将面临的挑战。但无论如何，既然兵器在手，已踏入江湖，祥宇亦应勇往直前，书写自己的传奇篇章。

人物

刘玉红，女，汉族，中共党员，正高级工程师，研究生学历，现任陇南市祥宇油橄榄开发有限责任公司董事长，中华全国青年联合会第十三届委员会常委；甘肃省第十四届人民代表大会代表；陇南市油橄榄产业创新联合体理事长；陇南市油橄榄产业协会会长。

媒体报道

在未来的发展中，刘玉红将始终秉承“打造一个品牌、带动一个产业、造福一方百姓”的经营理念，带领团队以诚信、务实、学习、创新为公司的价值观，以让家乡漫山遍野长满象征幸福希望的橄榄树，让家乡的山更绿、水更清，让国人吃上最优质的橄榄油为目标，坚定不移地走高品质发展之路，走产业致富和乡村振兴之路，要让世界看到中国原产橄榄油的匠心制造、国际品质，同时为中国油橄榄产业助力乡村振兴的高质量发展注入新动能。

【资料来源：刘玉红：结缘橄榄枝　共圆小康梦_澎湃号·政务，澎湃新闻.】

案例9

竞争优势何以持续——金美新的实践与思考*

甘肃金美新农林有限公司（以下简称金美新）落户陇南市两当县，是一家以苗木种植为主业的省级农业产业化重点龙头企业，公司以苗木种植、销售为主体，配套建设有陈家沟樱花园、田园综合体等文旅融合示范点，现已发展成为两当县文旅产业的一张名片。

该公司从2014年初创开始，践行“绿水青山就是金山银山”的重要论述，走出了一条以生态建设为基础，以文化赋能为主线，以文旅融合为特色的高质量发展之路。10年来，公司从林业产业着手，紧密对接政府、农户、种植户、客户和游客，形成了独具特色的发展模式，在实现自身发展的同时，带动当地居民增收致富。今

* 本案例由沈延华撰写，作者拥有著作权中的署名权、修改权、改编权；本案例的撰写及发表已取得相关企业及案例当事人授权；由于企业保密的要求，在本案例中对有关名称、数据等做了必要的处理；本案例仅是关于企业发展历程的描述与讨论，并无意暗示或说明某种管理行为是否有效。

天，金美新公司已经发展成为拥有3个种植基地、3000余亩种植园区的规模以上企业。作为土生土长的本地企业，金美新准确领悟政策导向，独辟视角挖掘本地生态和文化资源，打造特色产业链，其发展历程具有一定的借鉴意义。

一、“两山”理论指方向

公司法定代表人梁琰，甘肃徽县人，“70后”，早年在兰州一家建筑工程公司从事技术工作，专业知识过硬，在省城摸爬滚打了十几年，积累了丰富的市场经验，生活过得四平八稳，但他总觉得创业的激情无处燃烧。

党的十八大以来，习近平总书记关于“绿水青山就是金山银山”的重要论述揭示了发展与保护的辩证统一关系，实现了对马克思主义生产力理论的丰富与发展，明确了生态环境保护和经济发展不是矛盾对立的关系，而是辩证统一的关系，为生产力发展、生活富裕、生态良好的文明发展道路指明了方向。

【参考阅读】

“绿水青山就是金山银山”的理念深刻揭示了发展与保护的辩证统一关系，实现了对马克思主义生产力理论的丰富与发展。

生态环境保护和经济发展不是矛盾对立的关系，而是辩证统一的关系。

在黑龙江伊春，天然林商业性采伐已全面停止，良好的生态使这里成为旅游“打卡地”；在内蒙古鄂尔多斯，当地群众将库布齐沙漠的漫漫黄沙变为高产良田，依靠种植、畜牧、光伏等实现产业增收致富；在江苏连云港，随着海域生态持续改善，渔获又丰富起来……党的十八大以来，各地坚持在发展中保护、在保护中发展，实现百姓富、生态美的有机统一，“绿水青山就是金山银山”的理念在祖国大地上更加充分地展现出来。

2005 年 8 月，时任浙江省省委书记习近平同志在浙江安吉的余村考察时，首次提出“绿水青山就是金山银山”的重要论断。在“两山论”的引领下，当地探索出一条经济与生态互融共生的新路子。党的十八大以来，习近平总书记在多个场合对“两山论”进行了更加深刻、系统的理论概括和阐释。“我们既要绿水青山，也要金山银山。宁要绿水青山，不要金山银山，而且绿水青山就是金山银山”“要积极探索推广绿水青山转化为金山银山的路径”……“绿水青山就是金山银山”的理念深刻揭示了发展与保护的辩证统一关系，实现了对马克思主义生产力理论的丰富与发展，是习近平生态文明思想的重要内容，具有重大的思想价值和现实意义。

“草木植成，国之富也。”党的十八大以来，“绿水青山就是金山银山”的理念成为全党全社会的共识和行动，绿色发展按下快进键，我国生态文明建设驶入快车道。这十年，看得见的绿色在快速拓展。我国人工林保存面积 13.14 亿亩，居世界第一位；林草总碳储量达到 114.43 亿吨，居世界前列；我国建成了全球规模最大的碳市场和清洁发电体系，可再生能源发电装机容量超10亿千瓦；新能源汽车保有量超过1000万辆。“看不见”的绿色也在默默生长。“综合能源服务员”“冶金热能工程技术人员”“环境卫生工程技术人员”等一批“绿色职业”应运而生，分类已有133个；全国涌现出一大批绿色工厂、绿色工业园区、绿色供应链管理企业；垃圾分类、节水节电、“光盘”行动等得到有效推广，越来越多的人自觉选择简约适度、绿色低碳、文明健康的生活方式。10年来，我国能耗强度累计下降26.2%，单位GDP二氧化碳排放量累计下降约34%。绿色越来越成为高质量发展的底色。

习近平总书记强调：“绿水青山既是自然财富、生态财富，又是社会财富、经济财富。”生态环境保护和经济发展不是矛盾对立的关系，而是辩证统一的关系。只有把绿色发展的底色铺好，才会有今后发展的高歌猛进。安吉走上生态发展之路后，致富路也拓宽了。安吉以全国1.8%的竹产量创造了全国10%的竹产业产值。安吉的变化，是中国生态文明建设的一个缩影。停止伐木、发展旅游，自然封育、草畜平衡，生态养殖、产业升级……遍布大江南北的一座座城镇、一个个乡村，依托绿色家底，实现了生态效益、经济效益、社会效益的同步提升。实践证明，保护生态环境就是保护自然价值和增值自然资本，就是保护经济社会发展潜力和后劲。

“绿水青山和金山银山决不是对立的，关键在人，关键在思路。”着力增加生态产品供给，加快建立以产业生态化和生态产业化为主体的生态经济体系，才能让良好生态环境成为经济社会持续健康发展的支撑点。一竿翠竹撑起一县经济，一片叶子富了一方百姓，一颗果子撑起一片产业……多地的积极探索证明，守绿换金、添绿增金、点绿成金、借绿生金，是可以做到的。当前，我国转向高质量发展阶段，生态环境的支撑作用越来越明显。我们要坚定不移保护绿水青山这个“金饭碗”，利用自然优势发展特色产业，因地制宜壮大“美丽经济”，让良好的生态环境成为人民生活的增长点。

【资料来源：绿水青山就是金山银山．求是网（qstheory. cn）.】

习近平总书记的话日夜萦绕在心头，梁琰深刻领悟到这是政策的指引，也是巨大的商机，更是造福家乡的着力点，自己不也是常常留恋青山绿水吗？自己的家乡山清水秀，林业资源丰富，一定可以把生态资源优势转化为经济优势。

2013 年，做了一年的市场调查后，梁琰下定决心，联合几个同学，筹备了些资金，义无反顾地背上了返乡的行囊回到了家乡两当县。梁琰做了两个决定：一是就做林业；二是从两当县起步。

两当县隶属于甘肃省陇南市，比邻梁琰的老家徽县，地处陕甘川交界的秦岭山区，属长江上游嘉陵江水系。近年来，两当县围绕“生态立县、绿色发展”的思路，加强生态环境建设，实施造林绿化工程，加快荒山造林、城区绿化、绿色通道建设步伐，以“春有花、夏有荫、秋有果、冬有绿”为目标，着力构建“水在城中，城在林中，街在绿中，院在花中，人在景中”的山水园林城市。

【参考阅读】

两当县位于甘肃省东南部、陇南东北部，地处陕甘川交界的秦岭山区，位于东经106度11分至106度35分，北纬33度30分至34度15分，属长江上游嘉陵江水系，北靠天水，西邻徽县，东南边与陕西省宝鸡、汉中相连。两当县常住人口3.93万人，其中乡村户数1.06万，乡村人数3.44万，年出生人口约0.04万。全县总面积1408平方公里，其中山区面积占95.27%，川坝面积占4.73%。耕地面积17.65万亩，农民人均耕地4.77亩。南北为深山林区，中部为浅山丘陵区，呈马鞍状。海拔最高2738米，最低773米，是典型的山区农业县。

两当历史悠久。秦属陇西郡置故道县，北魏延兴四年（474年）更名为两当县，距今已有2300多年的置县历史，自古素有“秦陇之捍蔽、巴蜀之襟喉”之称。

两当文化深厚。有以“两当兵变”为代表的红色革命文化，也有八仙之一“张果老”等传说文化，还有“两当号子”等民俗文化，是唐代诤臣吴郁故里，著名诗人杜甫、陆游在这里均留下了不朽诗篇。两当是作家杜鹏程《夜走灵官峡》的创作地，电影《白莲花》的拍摄地。书圣王羲之家谱在此珍藏，西汉县城及明清古建一条街在此留有遗存。

两当资源丰富。有金、银、煤炭、陶土、大理石等十多种矿产资源；是甘肃省工农武装斗争第一枪“两当兵变”、红军入甘第一站的发生地，是甘肃省第一支红军队伍的诞生地。两当兵变纪念馆被列为全国第四批爱国主义教育基地，两当被列为全国第二批红色旅游经典景区县，两当兵变红色文化园区获得国家4A级景区命名。

两当生态良好。森林覆盖率和林木绿化率分别达到74%和83.5%，均名列全省第一、全国前列，境内有两当兵变红色文化景区和云屏三峡景区两个国家4A级旅游景区及灵官峡白皮松和张家黑河两个省级自然保护区。

两当农业生产条件优越。光热资源丰富，属暖温带大陆性季风气候，年平均气温11.3℃，平均降雨量630毫米，空气相对湿度70%左右，无霜期193天，日照率为45%，适宜发展设施农业、观光农业，特色产业发展基础较好，粮食作物以小麦、玉米、黄豆为主；特色产业以核桃、食用菌、中药材、烤烟、养殖、珍稀苗木繁育为主，有“狼牙蜜乡”之称。

两当发展环境优良。国道316线和宝成铁路穿境而过，境内有4个火车站，两当火车站停靠了直达北京、上海、西安、兰州、成都等城市的快速列车，两当至徽县高速公路正在建设，全县农村路网密度达到83.9公里/百平方公里。按照打造国际慢城的目标，两当全面加快县城及重点小城镇建设步伐，县城面积拓展一倍以上，城镇的功能和品位不断提升。通过多年不懈努力，两当先后荣获全国文明县城、全国卫生县城、国家园林县城、全国青少年教育基地、全国绿化模范县、中国绿色名县、全国群众体育运动先进县、全国休闲农业与乡村旅游示范县殊荣，跻身中国深呼吸小城一百佳、全国森林乐活十佳县，为县域经济社会发展营造了优良的县域大环境。

【资料来源：两当简介．两当县人民政府（ldxzf. gov. cn）.】

梁琰发现两当发展苗木繁育种植有其独特的自然环境优势、品种资源优势和生产优势。两当地处南北气候过渡带，昼夜温差大，日照时间长，雨水相对充沛，非常有利于林业产业发展，很多树种易繁殖、易移栽、易成活，非常有利于南方树种的移栽和驯化，适合作为南树北移的重要周转地。两当还有悠久的苗木繁育种植栽培历史，白皮松、油松、七叶树、核桃等特色树种栽培优势明显。

从政策方面来看，两当县也立足生态资源优势，大力支持苗木繁育种植产业从零星分散、粗放管理向基地化、规模化、产业化及优质化高效转变，鼓励农民融入现代化农林发展模式，成立家庭农场、合作社、企业，将分散的农村农业资源有力地整合到一起，推动做强做大。从市场方面来看，城镇化进程的不断推进，政府和社会各界对城市生活质量、生存环境的日益重视，城市的环境治理、公园建设、美丽乡村的打造，荒山沙漠的治理等都需要大量的苗木供应，市场需求量很大。同时，两当大力发展生态旅游，支持生态旅游园区建设，客源市场充足，可以将苗木种植园打造成特色旅游景点，吸引游客打卡消费。

通过多方面的考察分析，梁琰坚定了回乡创业的决心，义无反顾地踏上了新的征程。

二、初出茅庐

2014 年 12 月，甘肃金美新农林有限公司在两当县城关镇注册成立，虽然市场前景广阔，但林业产业周期长，占地大，销售分散，落实到具体怎么经营、种什么品种、销售到哪里去，梁琰却有些茫然。他知道单凭自身的发展十年八年都难成气候，只有不走传统之路，找出自己的竞争优势，才能快速发展起来。

（一）碰壁

不干不知道，一干吓一跳。两当县虽然有长期苗木繁育种植历史，但普遍存在树种良种率低、种植分散、品种较单一、产量低、商品率不高、销售不上规模的问题，难以形成优质商品和规模效益，经济林树苗的数量、纯度都满足不了当前生产发展的需求，产业化程度差已成为制约当地林业产业发展的重要因素。此外，苗木繁育种植技术水平偏低，多数农户、小企业、合作社对苗木繁育种植栽种管理较为粗放，不施肥、不修枝，不造型，结果苗木产量小、品质低。高质量的优质苗圃园较少，新品种开发规模较小，管理手段落后，不能科学使用农药、化肥、生长调节剂等，结果使树种繁育速度和繁育质量难以提高。

梁琰认识到，针对两当林业产业的发展现状，要解决两当苗木的销售问题，必须首先解决质量和品种问题，只有以市场需求为导向，调整结构性短缺，才能在行业中有竞争力。同时，建设现代化的苗木繁育种植基地，用科学的方式来管理，形成示范效应，才是有效途径。其次，提高种植户的种植水平，引导其接受新品种，只有让广大种植户共同参与，才能壮大产业规模，提高两当苗木的市场影响力。

（二）调研

别人是怎么做的，市场需求到底是什么，引进的品种能否适应两当繁育等一系列问题摆在了梁琰面前。为了解决这几个问题，梁琰带领他的团队走访了江苏邳州、河南鄢陵、陕西周至等主要苗木产业集散重镇，又调查了宝鸡、兰州、白银、天水等周边主要市场。通过调查了解，他们发现苗木产业有几个重要特点。

第一，市场对苗木的质量要求越来越高，批量采购的客户要求株高、冠幅、胸径、花色必须统一，对树冠型的要求很苛刻。

第二，我国各地气候差异很大，苗木生长对气候的适应性较难把握，适应北方干旱地区的苗木品种较少，除部分树种外，南方的树种种植到北方，即使冬季保温也很难成活，采购方不愿意采购离种植地较远的苗木，半径500平方公里内采购是客户的基本要求。

第三，两当县灌木的种植量少，市场对灌木的需求却非常庞大，常绿的灌木是城市绿化带的主要苗木。

第四，两当县大量种植的油松、侧柏逐渐退出了城市园林，现主要应用在荒山绿化项目中，导致其市场价格逐年下跌。但是，通过人工造型后的油松却成为市场的抢手货。

第五，客户一般希望能实现一站式采购。客户不愿意为了几株苗木跑几个城市去拉运，这样既费时间又增加成本，所以苗木种植的结构是非常重要的问题。

有了市场的摸底，也就有了发展的方向。为解决一些技术问题，梁琰又跑到林业局、林业站、林科所等技术单位咨询相关专家，并请他们为公司做顾问。梁琰已有十几年的市场工作阅历，此次创业他是相当谨慎又十分坚定。

三、打造竞争优势

（一）聚焦目标市场

先走出去，让市场去检验，但也不能盲目发展，所以必须确定目标市场才能有的放矢地工作。梁琰认为，苗木行业主要有三个市场：一是山体绿化、荒山造林市场；二是城市道路绿化市场；三是园林景观专业市场。这三个市场虽然不能完全隔开，但各有侧重。第一个市场最大，但资金需求量也大，市场价格透明；第二个市场正在各大城市蓬勃兴起，机会很大；第三个市场技术专业化要求最高，技术力量尚不成熟，不适合初创企业。在综合考虑下，梁琰选择了第二个市场，并确定兰州、宝鸡和天水为企业的主体市场。一是两当到天水麦积区距离 45 公里，距凤县 25 公里，距宝鸡市 70 公里，有高速公路连接。根据甘肃省建设生态安全屏障，以及生态林和城市建设规划，宝鸡和天水仍将保持苗木供不应求的态势，存在较大的供应缺口。二是两当县和兰州市城关区签订了友好县区协议，其中将两当县的优质苗木与兰州相关绿化需求单位已经进行了对接，达成购销合同，互利互惠，这是协议的重要内容之一。

（二）优化品种配置

从气候环境来看，兰州要比天水和宝鸡更干旱，冬季平均气温更低。两当县的苗木要进入兰州市场首先就是要适应兰州的干旱气候，由此选品成了重中之重。

梁琰团队将两当现有各类苗木进行了整理统计，分析了近年来各地苗木招标采购的内容，对当地可繁育种植苗木进行了排查，想尽快种植移栽适宜树种。他们发现，县内的白皮松、油松、银杏、樱花、山杏完全能够适应目标市场地区的栽植，但是红豆杉、红花檵木、橄榄树、石楠等难以成活，此外，金叶女贞、紫叶矮樱、大叶黄杨等灌木品种市场需求很大，易于成活，应加大种植面积。

（三）打造示范基地

了解了品种后，金美新选址杨店乡灵官村，流转土地500亩，第一个种植示范基地由此诞生。基地当年种植了樱花2000株、大叶黄杨10万株。种植示范基地作为引领公司发展的展示平台，向农户展示苗木定杆栽植、科学施肥、修剪塑形等环节中的科学方法和先进技术，并吸纳了当地40余名农户加入。通过科学的指导培训，样板效应初现，农户们深切体会到只有科学种植、提高品质才能促进产业发展，让每一株苗木变成真正的摇钱树。

随后，公司又相继在杨店镇夏庄村流转土地200亩，建设国槐示范基地，在金洞乡太阳寺建设了300亩灌木基地，在西坡镇发放山杏苗1万株。

四、保持竞争优势

（一）破局规模发展

从事林业行业的公司如果只凭借自身，发展是有限的，因为能够流转的土地是有限的，土地资源分散在广大农民手中，公司很难把所有的品种自己都种植全，只有把农户们拉进来共同参与，合理分配种植品种，才能形成规模效应。品种越多，客户选择面就越宽，客户的整车配置就越便捷。

四年来，金美新公司通过政府的指导，逐渐形成了“党支部+公司+合作社+贫困户”的发展模式，引导农民根据市场需求进行种植生产，从而实现小生产与大市场的有效衔接，并通过合作社的组织形式建立起公司直接面对小规模、分散经营的众多农户之间的桥梁，有效制约了农户的违约行为，减少了市场风险，降低了经营成本。2015年，金美新的销售额为430万元，2016年突破了800万元。金美新公司的主要销售区域是兰州市和天水市的城市建设单位，为两个城市的建设作出了自己的贡献。

金美新公司引导农民种植苗木后，杨店镇的 29 户农户成为以土地租金入股的第一批受益者。2019 年 1 月 4 日，两当县委县政府专门在陈家沟樱花园进行了一场喜气洋洋的“党支部 + 公司/合作社 + 贫困户”产业分红仪式，为 29 户分红了 13.3 万元，户均分红 4586 元。这是杨店镇继前半年分红 70 万元后举办的第二次产业分红仪式。

金美新公司分红大会

（二）借力文旅融合

杨店镇的陈家沟位于一个山洼中，这里是金美新公司的樱花种植基地，每年 4 月至 6 月是樱花盛开的季节，漫山的粉色让人流连忘返。近些年，随着地方文旅产业的发展，来两当的游客越来越多。这里有两当兵变纪念馆、太阳寺红军改编旧址等红色旅游纪念地，还有云屏三峡自然风景区、灵官峡、张果老登真洞、黑河自然保护区等风景名胜区。依托陈家沟的樱花资源，把陈家沟打造成为住宿、餐饮、休闲、文化于一体的生态田园式游客集散地，是政府多年来的规划。

梁琰始终认为，乡村振兴中有产业振兴，更有文化振兴。文化是乡村的灵魂，文化兴，乡村兴。只有用文化来铸魂传统村落，乡村振兴发展才更有自信、更有底气和动力。陈家沟樱花民居的建设要挖掘文化潜力、打造亮点，重塑梦中田园，留住记忆乡愁，要在村落风貌、布局设计中将张果老、登真洞、灵官峡等本地文化有机地融入，让它们在村民们今天的生活中焕发出生机。打造陈家沟樱花民居，大力发展特色产业与绿色产业，可以让老百姓脱贫致富，走上可持续发展之路。

2018 年，金美新公司投资 400 万元，建成集住宿、餐饮、休闲、书画、写生为一体的朗悦居山庄一处，并和当地村民共同成立了“陈家沟樱花民居农民专业合作社”；又在政府建设的陈家沟樱花民居的基础上投资了 100 万元，购置了桌椅，建设了书屋，并邀请名家给每户村民家题字撰联。先后来陈家沟题字的文化名家不下 20 人，包括逄高亮、林涛、张鉴宇、翟相永、贾占强、张长久、刘建社、董长绪、李立荣、郎照玉等，撰联的内容更是精彩纷呈，既有传统对联的文辞雅驯，又有结合本地文化实际的推陈出新。例如，有“故道灵官峡中藏无限仙风道骨，时风金美新内生有源草繁木华”“故道山头十里松涛漫随青岭秀，灵官峡中万朵樱花长对白云新”等。陈家沟樱花民居的对联现在已经是两当县旅游的一张名片了，在对联旁照相，已经成为游客们的必选项目之一。

编写组调研陈家沟樱花园

自2018年陈家沟樱花民居农民专业合作社运营以来，合作社得到了政府的大力支持，先后承办了“庆祝新中国成立七十周年文艺演出”“不忘初心、牢记使命”主题教育系列讲堂等各种文艺活动十余场，累计接待游客约13000人；公司还邀请陇南师专书画院师生、西安遗珠写作等团体来陈家沟写生观光1200人次；2024年金美新公司还计划再投入500万元，继续扩大樱花园的建设，把陈家沟建成真正意义上集休闲康养、垂钓、种植养殖、农家乐餐饮、书画写生于一体的综合田园体。

（三）发挥社会效益

金美新在追求经济效益的同时，始终不忘回报社会，努力为乡亲们办实事，为“美丽乡村”建设作贡献。“美丽乡村”究竟需要建设成为什么样，在不同人的心目中有不同的理解。如果说物质上的富足是“美丽乡村”的重要内容，公共文化的内涵也应该成为“美丽乡村”不可缺少的一部分。公共文化资源让整个乡村世界发生了翻天覆地的变化，为最终实现“美丽乡村”添了砖加了瓦。

在推进“美丽乡村”建设公共文化服务标准化均等化的过程中，乡村图书馆是点睛之笔，于是金美新公司将农户闲置的房子改造成设计独特、藏书丰富、活动多彩的图书馆，使村里的孩子们可以通过读书增长知识，了解外面的世界。

五、问题与思考

在两当县，梁琰和他的团队已经奋斗了整整 10 年，2024 年，梁琰也快 50 岁了，谈起公司未来的发展，梁琰的眼神依然是深邃而坚毅的。

“这些年从产品出发、紧扣市场，使我们在行业获取了一定的竞争优势，但总的来看，近几年苗木产业的发展进入了一个瓶颈期，西北地区实际用苗量在 2018 年达到峰值后持续走低，甘肃市场很多品种严重过剩，未来还是不乐观。”

“当然也有供应严重不足的品种”，梁琰笑着说到，“在未来，至少有两个方面的问题是我们应该注意的，一是要积极适应市场，调整现有结构，加大科研投入，再有一个就是电商。”

花卉苗木行业是一个较为传统的行业，一边是苗农种苗卖苗，另一边是工程方买苗，但二者往往由于种种因素并不产生直接联系，买卖交易都是通过苗木经纪人进行的，目前，流通效率尚不能得到进一步提高。现如今，互联网时代，花卉苗木行业如何搭上“互联网+”的快车，通过技术手段，将买方卖方直接对接，让传统农业也借助电商走出一条转型升级的实践之路，的确值得思考。

人物	梁琰，男，1976年出生，甘肃金美新农林有限公司创始人，1994年毕业于陇南师专，2014年返乡创业，以苗木种植为主业，主持建设陈家沟樱花园、田园综合体等文旅融合示范项目。

媒体报道

陈家沟樱花民居农民专业合作社于2018年年初运营以来，金美新公司邀请陇南书画院师生、西安遗珠写作等团体来陈家沟写生观光600人次，其中吃住180人次。如今，公司将继续扩大樱花园的建设，把陈沟建成真正意义上的集休闲垂钓、种植、特色养殖、农家乐观光、书画写生于一体的综合田园体。

【资料来源：https：//mp. weixin. qq. com/s/Wz－o_Vz7cAc 1Xaf2v3uz_g.】

后　记

离泥土越近，生命力越强。一个夏夜，我们在皎洁的月光下借宿两当县杨店镇陈家沟，晚风轻拂，萤火虫在林间飞舞，蛐蛐在草丛中呢喃，陈家沟的夜更静了。清晨被雄鸡叫醒，漫步在陈家沟的山林，深吸一口沁人心脾的空气，眼前都是青山绿水，让人恍若进入世外桃源，乡亲们的朴实和热情感染着我们每个人。从此，我们与陇南结下了不解之缘。项目组成员利用寒暑假和北京大学新结构经济研究院、甘肃省知名的文旅产业专家、兄弟院校设计专家等多次赴陈家沟，在田间地头和深山密林中收集资料、开展调研，为陈家沟的农户做民宿设计，办文化论坛，帮助农民兴建合作社，在兰州办特色农产品展览，和甘肃金美新农林有限公司一道在陈家沟投资打造现代田园综合体。渐渐地，到陈家沟的游客多了，29 户村民的收入也提高了，村民脸上的笑容也更多了。

2019 年以来，我们项目组成员走遍了陇南的山山水水，用脚步丈量着新时代发展取得的丰硕成果，用心聆听每个感人至深的奋斗故事。作为社科工作者，我们有责任让大山以外的人们感受到这些为新时代奋斗的脉搏。

习近平总书记强调，“广大科技工作者要把论文写在祖国的大地上，把科技成果应用在实现现代化的伟大事业中”。到 2023 年底，作为课题阶段性成果的《产业支撑乡村振兴实践案例丛书》完稿，交付出版社出版。本丛书包括《乡村振兴陇南电子商务实践案例》《金融支持陇南产业融合实践案例》和《新时代陇南个体网商实践案例》，共包含 30 个案例。这 30 个案例中的人物，是千千万万奋斗着的劳动者的缩影，也是新时代陇南乡村振兴的佐证。我们感恩时代美好，歌颂劳动伟大，在这里分享成功的经验和失败的教训，记录乡村振兴的创举，也写出了政策落地的艰难。我们希望通过这些真实的案例，让更多的人了解到乡村振兴在陇南的实践，感受到每个劳动者为乡村振兴付出的努力，同时也为其他地区的乡村振兴提供借鉴和参考。

在本丛书编写过程中，我们走访调研了上百家大大小小的企业和合作社，访谈了许许多多的创业者和农户，每次走进陇南进行交流访谈，我们都能够深刻体会和感受到乡村振兴给陇南实践带来的变化和影响，这些变化不仅体现在乡村产业、人才、文化、生态和组织等方面，更体现在乡亲们的精神面貌和自信心上，也让我们感受到了乡村振兴的力量和希望。我们看到了各行各业的劳动者投身乡村振兴，为乡村发展注入新的活力；我们也看到了越来越多的乡亲们从被动接受援助到主动寻求发展，用他们的双手创造了美好生活，用实际行动诠释着“幸福是奋斗出来的”。

在今后的工作中，我们将继续深入研究乡村振兴的理论和实践，以更加精准的科研成果服务于乡村振兴；我们将继续关注陇南的发展，见证陇南的变迁，记录陇南的故事，传播陇南的声音，为陇南的发展贡献我们的力量。

非常感谢甘肃省教育厅高等学校产业支撑引导项目的支持，同时感谢兰州财经大学各位领导对科研的高度重视和大力支持。在项目调研和丛书编写过程中，我们得到了陇南市各级政府部门特别是陇南市电子商务发展局和各区县电商中心的大力支持，陇南当地企业和企业家、地方金融机构和电商创业者也给予我们莫大的支持和帮助。在访谈调研和资料收集过程中，我们引用了很多学者的观点和新闻媒体的相关数据，在这里，对他们一并表示诚挚的感谢。我们还要感谢中国财政经济出版社的编辑们，他们字斟句酌的辛勤努力和一丝不苟的专业精神为丛书的可读性增色不少。当然，我们文责自负。最后，我们更要感谢陇南大地上千千万万的最美的劳动者，他们的劳动热情和奋斗精神将不断激励着我们不懈努力、勇毅前行。

乡村振兴的道路并非一帆风顺，但我们始终坚信，只要在以习近平同志为核心的党中央坚强领导下，坚持以人民为中心，立足实际，发挥优势，创新机制，“犯其至难而图其至远”，就一定能够推动乡村振兴战略落地生根、开花结果。

《产业支撑乡村振兴实践案例丛书》编写组

2024 年 4 月